诚信惜时

美德润中华

李玉良　陈延斌　边　境 / 编著

济南出版社

汉唐书局

图书在版编目（CIP）数据

美德润中华. 诚信惜时 / 李玉良, 陈延斌, 边境编
著. -- 济南：济南出版社, 2023.1（2024.6重印）
  ISBN 978-7-5488-5499-9

Ⅰ.①美… Ⅱ.①李… ②陈… ③边… Ⅲ.①品德教
育－中国－青少年读物 Ⅳ.①D432.62

中国国家版本馆CIP数据核字（2023）第014782号

出 版 人	田俊林
丛书策划	冀瑞雪
责任编辑	冀春雨　李家成
装帧设计	曹晶晶

出版发行	济南出版社
地　　址	济南市二环南路 1 号（250002）
编辑热线	0531-86131747　82926535（编辑室）
发行热线	82709072　86131701　86131729　82924485（发行部）
印　　刷	山东潍坊新华印务有限责任公司
版　　次	2023 年 3 月第 1 版
印　　次	2024 年 6 月第 3 次印刷
成品尺寸	150mm×230mm　16 开
印　　张	7.75
字　　数	82 千
印　　数	15001-20000 册
定　　价	29.80元

目录

节 俭

好 学

惜 时

诚实

孔子不懂不装懂

　　孔子是我国春秋末期著名的思想家和教育家，儒家学派的创始人。

　　孔子从少年时代起，就非常勤奋好学。他依靠自己的苦学、善问和勤于考察，获得了广博的知识。他在思想上自成一派，在治国、教育等方面都有独到的见解。

　　孔子提出的以"仁"为核心的儒家学说，自汉武帝"罢黜百家，独尊儒术"，成为官方的正统思想，影响深远。历代统治者为了统治上的需要，将孔子尊为圣人，认为没有他不懂的问题。

（付靖涵　马创业　绘）

其实，孔子是一位很诚实、谦虚的人。他教导学生要树立"知之为知之，不知为不知"的求学态度。"三人行，必有我师焉"，这是他的一句名言，意在勉励自己和学生要虚心向别人求教，绝不能不懂装懂，自欺欺人。

一次，孔子和他的学生离开鲁国到齐国去，路上遇到两个孩子在大声地争论。两个孩子互不相让，争论得十分激烈。

孔子觉得很有趣，就走过去询问：

"你们在争论什么？"

两个孩子瞥了孔子一眼，没搭理他，又继续争论。

这时，孔子的学生子路生气了，大声喝（hè）道：

"你们两个毛孩子，真没有礼貌，孔老夫子问你们话呢？还不快回答！"

两个孩子一听，立刻停止了辩论，对孔子说：

"噢，原来你就是有名的孔老夫子。听说你很有学问，就请你来给我们评判一下对错吧！"

其中一个孩子先说道：

"我们在争论太阳什么时候离我们近，什么时候离我们远。我认为早上的太阳离我们近一些，因为太阳刚出来时像车盖，又大又圆；可到了中午，太阳就变得像一个小圆盘。谁都知道，同一个物体近的时候看着大，远的时候看着小。可他偏说中午的太阳离我们更近……"

还没等他说完，另一个孩子就抢着说：

"不对，他说得不对！早上太阳凉飕（sōu）飕的，一点也不热；可中午的太阳像火球一样，热烘烘的。这不正说明早上的太阳离我们远，中午的太阳离我们近吗？"

　　说完，两个孩子一起看向孔子，等着他来判定谁是谁非。可这个看似简单的问题却把能言善辩的孔子难住了。孔子思考了老半天，觉得他俩说得都有道理，自己实在说不清谁对谁错，就老老实实地承认说：

　　"这个问题我也搞不清楚，等我请教了更有学问的人后再来答复你们吧！"

　　"人家都说你是个大学问家，原来你也有搞不明白的问题呀！"两个孩子说完就笑着跑开了。

　　孔子望着两个孩子远去的背影，十分感慨地说：

　　"学无止境啊！"

即墨大夫诚实受赏

　　战国时期，齐威王继位后，有好几年不理朝政，使本来强大的齐国变得渐渐衰弱了。朝中风气不正，逢迎拍马、互相欺骗之事时有发生。齐威王在一些老臣的劝说下警醒，决定好好治理国家，重振国威。

　　齐威王认为首先要整顿朝纲，考察官员。当他问到地方官谁干得最好时，文武大臣们异口同声地说是掌管阿城（今山东阳谷一带）的阿大夫；当问到谁干得最差时，众人说是掌管即墨城（今山东平度一带）的即墨大夫。齐威王对大臣们如此一致的看法感到很奇怪，心想这里面肯定有什么事情，但又不好直说，只是对大臣们说："我要好好奖赏那些尽职尽责、勤勉工作的官员。"然后，他不动声色地派了自己的心腹，奔赴阿城和即墨城调查了解情况。

没过多久，调查的人回来了。他们向齐威王如实汇报了调查结果，齐威王心里有数了。

几天以后，阿大夫和即墨大夫被召到都城。大家都觉得即墨大夫要倒霉了，而阿大夫会受到重赏。

这天，齐威王把所有大臣召集到大殿上。文武百官见大殿门前支起一口大锅，锅内的开水咕嘟嘟地直冒泡儿，他们料定有人要倒霉。气氛顿时紧张起来。

人员到齐以后，齐威王把即墨大夫叫到跟前，问道：

"你自己说说看，你把即墨城治理得怎么样？"

即墨大夫赶忙跪下，战战兢（jīng）兢地说：

"臣才疏学浅，又未能恪尽职守，甘愿受大王的责罚。"

接着，他又把自己的过失一一列举出来，诚恳地说：

"大王要整治不称职的人就从我开刀吧，好让全国的老百姓都知道大王赏罚分明。"

大家都认为即墨大夫要遭受责罚了。谁知，齐威王听后微微一笑，说：

"你这个建议倒不错。可是，今天我要惩罚的不是你；相反，我还要奖励你。"

众大臣面面相觑（qù），猜不透是怎么回事。这时，齐威王把脸转向大臣们说：

"即墨大夫到任没多久，就经常有人说他的坏话。这次我派人去即墨城调查，看到即墨城中一片繁荣景象，百姓安居乐业，丰衣足食，大小官员尽职尽责。只是他没有花钱买通我身边的人，所以才没人为他说好话。当然，他也犯过错误，可是他能诚实地汇报。我认为，他是一个诚实忠厚、坦荡无私、非常称职的地方官！所以，今天我要再给他一万户领地让他管理，作为对他的奖赏！"

即墨大夫谢恩退下后，齐威王脸色一沉，大声喝道：

"阿大夫，你知罪吗？"

阿大夫"扑通"一声跪在地上，冷汗直流，但他还是故作镇静地说：

"小人尽心尽力为大王效命，何罪之有？"

"大胆！你这无耻之徒，到了这时，还敢狡辩。你管理的阿城，土地荒芜，民不聊生；你和部下整天吃喝玩乐，不问政事。更可恶的是，你竟敢花重金买通我身边的人来为你说好话，欺骗本王。你这败类，留着你怎能治理好国家？来人，把他扔进锅里去！"

阿大夫的下场，让文武百官受到了一次深刻的教育。

阎敞不昧故友钱

东汉时期，有一对好朋友，一个叫阎敞，一个叫第五常。阎敞为人忠厚诚实，第五常待人也非常诚恳，二人交情甚笃，往来密切。

后来，第五常奉命到京城做官。由于路途遥远，临行匆促，第五常此番进京，除大人和孩子外，只带了一个家童。为了轻装简从，第五常临行前便把130万俸禄寄存在老朋友阎敞家里。阎敞当着老朋友的面将钱封存好，然后设宴为他饯行。宴毕，阎敞送老朋友进京。十里长亭，依依话别，互道

（俞杰星　绘）

珍重，从此天各一方。

第五常到京后不久，京城突然暴发了一场瘟疫。他全家不幸染上了瘟疫，虽尽全力医治，但也无力回天。他的家人先后死去，只剩下一个 9 岁的小孙子。他临终前将孙子叫到跟前，断断续续地说：

"爷爷不行了，也没给你留下什么东西，我有30万钱寄存在你阎敞爷爷家里，将来你需要用时就把它取来，也许能对你有所帮助。你要好好读书，长大后代我去看望你阎爷爷……"话还没说完，他便咽了气。

第五常的死讯，辗转几年，终于传到了阎敞耳朵里。他悲痛欲绝，痛哭流涕，欲上京去拜祭第五常，但终因身体不好而未能如愿。经多方打听，他得知第五常的孙子还活着，就多次捎信给第五常的孙子，提到第五常寄存俸钱一事。

光阴荏苒（rěn rǎn），转眼间第五常的孙子长大了。一天，他来到了阎敞的家里，向阎爷爷问安。阎敞提及老朋友第五常的死，不免又一阵悲凄，但见朋友的孙子知书达理、读书上进，也很欣慰。酒饭招待后，阎敞连忙把老朋友寄存的130万钱搬了出来。

第五常的孙子非常吃惊地说：

"爷爷临终前，告诉我是30万，而不是130万呀。您老是不是记错了。"

"孩子，我没搞错，你爷爷确实在我这寄存了130万钱。他临终时说是30万，那是他病得太重，头脑不清，说错了。"阎敞不假思索地说。

第五常的孙子被老人的诚实打动了。他热泪盈眶地接过钱，再三拜谢后便离开了。此后，第五常的孙子没有忘记这位心地善良、诚实忠厚的阎爷爷，还经常去看望他。阎敞也把老朋友的孙子当成自己的孙子一样看待。

明山宾诚实不欺

明山宾是南北朝时期梁朝人，为人淳朴老实。明山宾年轻时，家里穷，父亲死后，养活全家人的重担就落在他一人肩上。虽然全家人平时勤俭节约，但日子过得还是紧巴巴的。

一年春天，到了青黄不接的三月，家里又揭不开锅了。明山宾看着全家老小个个饿得面黄肌瘦，心里难过极了。家里能卖的东西也没多少了，只剩下一头老黄牛。如果把牛卖了，地怎么种？可眼下活命要紧。明山宾和全家人商量后，决定把牛卖了，换点钱来度过春荒。

这天，明山宾把牛牵到集市上，眼看快到晌午了，还无人问津。正当他焦急不安之际，来了一位中年男子。中年男子摸了摸牛的骨架，又掰开牛嘴看了看牙口，然后搬起牛腿看了看蹄子，最后拉着牛走了几圈。显然，这个中年人非常识货。他对明山宾说：

"你的牛是头耕地的好牛，就是太瘦了，你要多少钱啊？"

"这头牛非常听话，要不是家里等着用钱，我真舍不得卖它。你是懂行人，就给个价吧！"明山宾诚恳地说。

中年人思忖（cǔn）一番后，报了价。价钱还算公道。成交后，明山宾让他把牛牵走了。

中年人牵着牛，哼着小曲，来到一座茶棚里，要了碗茶。他刚坐下，只见明山宾满头大汗地追上来。中年人还以为他反悔了，谁知明山宾上气不接下气地对中年人说：

"大哥，有件事忘了告诉你。这头牛三年前得了漏蹄症，不过我父亲已经请人给它治好了，这两年一次也未犯过。可我担心，今后万一这头牛犯了病，你找不到原因，会着急的。"

中年人愣住了，他万万没有想到天下竟有这等实在人，可转念一想，何不就此讹他一下？他上前抓住明山宾的胳膊，不怀好意地说：

"既然你的牛是头病牛，就不值那么多钱，你得退些钱给我。要不，这牛我不买了！"

"这牛的病早就治好了，我只不过觉得应该向你交代清楚，才回来告诉你的。"明山宾急忙解释说。

"不行，我买牛是为了耕地，买头病牛怎么向家里人交代？要是不退钱，你就把牛牵回去吧！"

明山宾左右为难：牵回去，可家里还等着米下锅呢；不牵回去，就得退人家钱，这样也太吃亏了。但又一想，大家都是穷人，也不能让人家吃亏。明山宾就拿出了一部分钱交给中年人。中年人愣了一下，红着脸接过钱，牵着牛走了。

在场的人看到这情景，都为明山宾感到惋惜。这件事很快就传开了，乡亲们都夸赞他是一个淳朴忠厚、诚实无欺、品格高贵的人。

高允宁死不欺心

386年，我国北方的游牧部落鲜卑拓跋部建立了魏国，史称北魏。北魏从道武帝起，就任用了一些汉族谋士，其中官位最高的是崔浩。他曾在北魏统一北方的战争中立下汗马功劳。

（俞杰星 绘）

北魏太武帝当政时期，为了警示北魏的皇室后代，太武帝命崔浩率领史官编修国史，并叮嘱说："写国史一定要据实写录。"崔浩和著作郎高允等人便根据这个要求，搜集资料，精心编写。

国史写成后，偏偏有人别出心裁，要将国史刻在石碑上让百官看，说可借此提高崔浩的声望。

高允坚决反对这样做。但崔浩自恃功大官高，根本不听劝阻，不仅将国史刻在了石碑上，还将石碑竖立在祭天坛前的大路两旁。

国史里记载的是史实，但北魏朝廷的许多丑事也都毫不避讳地写了进去。人们看了石碑，议论纷纷。

北魏的鲜卑贵族早就对崔浩等人掌握大权而心怀不满，便借机向太武帝告发，说崔浩等人借写国史揭朝廷的丑。太武帝大怒，命令把写国史的人统统抓起来。

太子闻讯后，马上找到自己的老师高允，并把他接到自己府中保护起来。太子对高允说：

"明天你陪我进宫，如果皇上问你，你要按我的意思回答。"

第二天，太子亲自带着高允上殿见了太武帝。太子对太武帝说：

"高允这个人向来谨慎，且官位低；国史的编辑工作是崔浩主管的，请陛下赦免了高允的罪吧。"

"国史都是崔浩写的吗？"太武帝问高允。

"不，崔浩管的事多，他只定了个纲要，具体内容都是我和别的著作郎写的。"

"你看，高允的罪比崔浩还重，怎么能赦免呢？"太武帝对太子说。

"高允见了陛下，心里害怕才说错了，我刚才还问过他，他说是崔浩写的。"太子急忙解释说。

"是这样的吗？"太武帝又问高允。

"我犯了罪，怎能欺骗陛下。太子刚才这样说，只不过是想救我，其实太子并没有问过我。"高允一脸诚实地说。

太武帝见高允忠厚诚实，心里也有些感动，对太子说：

"高允死到临头，还不说假话，确属难得。我赦免他的罪就是了。"

太武帝又派人将崔浩带过来审问，崔浩吓得面如土色，什么也答不上来。太武帝命高允起草诏书，将崔浩一家满门抄斩。

高允回到官署，半天也没写出一个字来。太武帝派人一再催问。高允要求面见太武帝。

高允进宫对太武帝说：

"陛下，我不知道崔浩还犯了什么罪，单是因为写国史而触犯了朝廷，即使有罪，也不该判死罪。"

太武帝认为高允太不识好歹，命武士将他捆了起来。后来还是太子再三恳求，太武帝才把他放了。

事后，太子埋怨高允说：

"一个人应见机行事，我替你说情，你反而去触怒皇上。你这个人，太死心眼了！"

"崔浩做这件事是私心重，固然不对，但写历史并没有不对呀。再说，国史是我和崔浩一起编的，出了事怎能全推给他一人呢？殿下一心要救我，我十分感激，但要我为活命而违背良心，这我做不到。"高允动情地说。

太武帝最终还是没有饶过崔浩，将其满门抄斩。但是由于高允的直谏，没有株连到更多的人。

皇甫绩守信求罚

隋朝有个人叫皇甫绩，他三岁时父亲就去世了。母亲孤苦伶仃，就把他带到外祖父家居住。

来到外祖父家以后，母亲常常提醒他，凡事要谦让、勤快。皇甫绩把母亲的话谨记在心。除了和表哥们一起玩耍外，他还经常帮舅妈干些力所能及的家务活。表哥们看他年纪小，凡事都让着他。他也很懂事，无论是好吃的，还是好玩的，都不和表哥们争。表兄弟们相处得很融洽。看到皇甫绩这样懂事，全家人都很喜欢他，尤其是外祖父格外疼爱他。

（俞杰星 绘）

　　转眼到了读书的年龄，外祖父就让他和表哥们一起读书。皇甫绩开始学得很认真，先生经常夸奖他。可孩子毕竟是孩子，贪玩的本性渐渐显露出来。有一阵，皇甫绩一有空就溜出去和表哥们玩，有时玩高兴了，都忘记做功课。甚至有几天，皇甫绩迷上了下棋，一上完课，就拉着表哥们到一个僻静地方去下棋。一盘接一盘，有时竟忘了吃饭，别说读书、做功课了。后来，这事被外祖父知道了，老人家非常生气。他把皇甫绩和表哥们叫到书房，让表哥们脱下裤子，每人打了一顿板子。打完后，他气呼呼地瞪着皇甫绩说：

　　"你这个孩子，本来很懂事，怎么也跟着他们不学好呢？一天到晚就知道玩，荒废了学业，将来能有什么出息？这次看你年纪小，就先不罚你了。不过，以后不能再犯这样的错误了。"

　　外祖父走后，表哥们揉着被打肿的屁股，哭泣着埋怨皇甫绩说："我们说下两盘就走，你偏要再下几盘。这下好了，你下棋最多，可爷爷不打你，我们几个可倒霉了！"

　　皇甫绩满脸通红，低着头，一声不吭地走了。回到屋里，见母亲已哭成了泪人，他更加羞愧，忙向母亲认错：

　　"母亲，我错了。外祖父今天虽然没打我，但我心里比挨板子还难受。我耽误了功课，还连累表哥们挨打。今后，我一定改过自新。"

　　这天夜里，皇甫绩久久不能入睡，他第一次像大人似的想了许多。

　　第二天，皇甫绩对表哥们说：

　　"下棋是我的主意，连累你们挨打，我心里很愧疚。外祖父心疼我，没有打我，那就请表哥们代外祖父打我三十大板吧！"

表哥们一听，笑着说：

"知道错就行了，何必非要挨板子呢？难道你的屁股不知道疼？"

"不！古书上说，做人首先要正视自己，只有诚实地对待自己的错误，真心悔改，日后才能有所作为！"皇甫绩说着，脱下裤子，趴在凳子上准备挨打。可是，表哥们谁也不肯动手。皇甫绩大声喊道：

"你们不打，我就不起来，不使劲打都不行！"

表哥们无奈，只好举起了板子。"啪啪……"三十下打完，皇甫绩的小屁股肿起来老高，嘴唇上也咬出了道道血痕。

外祖父听说后，又心疼又高兴。他摸着皇甫绩的脑袋说："你这孩子，真是个实心眼！"

后来，皇甫绩勤奋学习，在朝廷里做了大官。他从小养成的信守诺言、勇于承认错误的品德，使他在文武百官中享有很高的声望。

晏殊应试不欺君

晏殊是北宋著名的婉约派词人，他创作的"无可奈何花落去，似曾相识燕归来"成了千古传颂的佳句。

北宋景德元年（1004年），刚满14岁的晏殊就被皇上恩准参加科举制度最高级别的考试——殿试。若殿试考试合格，经皇上核准圈定，那就是进士；成为进士后就可以做官了。

殿试是在皇城崇政殿举行的。那天，参加殿试的一百多名读书人早早地来到了考场，忐忑（tǎn tè）不安地等待开考。他们都在心里默念着，但愿自己能有一个好运气，如能碰上个熟题目那真要谢天谢地了。晏殊也提前来到考场。因为他是特许参加这次殿试的江西"小神童"，所以主考官单独为他设了一个考棚。

在一百多名考生中，晏殊是年龄最小的一个，大家都以为晏殊没经历过这样严肃的考试场面，考试时一定很紧张。可谁知小晏殊不慌不忙地走进考棚，从容地磨墨铺纸，等待考试。

考试开始了，考场内鸦雀无声。考试官当众宣布考题，考生们都聚精会神地听着，小晏殊也不例外。只见他紧握着笔，竖起耳朵仔细聆听，一副跃跃欲试的样子。待考题宣读完毕，其他考生都在冥思苦想。可是晏殊放下笔走出了考

（俞杰星　绘）

棚，来到大殿中央"扑通"一声跪下了。在场的考试官不知发生了什么事，忙走过来看个究竟。皇上诧异地问道：

"莫不是考题太深了，你做不出来？"

"陛下，不是小童做不出来，而是小童十天前写的文章，恰巧就是今天考试的题目。"晏殊回答道。

皇上以为听错了，他看了看坐在两边的大臣，大臣们也面面相觑。大家心里纳闷，莫不是晏殊搞错了，事情哪有这么巧？再说了，考生还巴不得考题是自己以前写过的呢。看着皇上和考试官们满脸疑惑的神情，小晏殊流利地背起了他十天前写的文章，果然文采斐（fěi）然。

"确实名不虚传，"皇上十分高兴地说，"小小年纪，就写得一手锦绣文章，实属难得；而你的忠厚诚实，更是可贵。"

"我请求陛下，另出考题。"晏殊认真地说，"不过，必须是我从未做过的。"

"不必了，你被录取了！"皇上微笑着说。

晏殊立即被赐同进士出身，后被擢（zhuó）拔为翰林院学士，不久又出任宰相兼枢密使。

司马光诚对买马人

司马光，北宋大臣，著名史学家。宋神宗时期，因不满王安石的新法，司马光一气之下辞官出京，隐居洛阳，声言不再过问政治，关起门来专心著书。

司马光家里养了一匹棕黄色的高头大马，这匹马还是他做官时买来替代脚力的。如今，他关起门来潜心著书，用不着了。一天，他吩咐一个老家人将马卖掉。

老家人将马牵到集市叫卖。那匹马很驯顺地跟在后面，不时地打着响鼻。

一会儿，迎面来了一位老者，他看了看这匹马的毛色，又拍了拍马屁股，说：

"这匹马不错，多少钱？"

"五十缗（mín）钱。"

"五十缗？贵了点吧。"

"老哥，不贵，比起市场价便宜多了。"老家人动情地说，"不瞒你说，这是我家司马相公的坐骑，因为忙着编书，用不着了，才让我低价出售。不然的话，再高的价钱我也不卖。"

"噢！原来是司马相公的马。"老者话语里透着信任说，"好吧，那就货不二价。请你先牵回去，明天我带钱来，咱们一手交钱，一手交货。"

老家人兴冲冲地牵着马回家了。司马光正在书房里整理资料，听见马蹄声后就迎了出来。老家人连忙说：

"这马有主顾了，而且价钱还不低呢，五十缗。"

司马光爱怜地抚摸着马鬃（zōng）毛，自言自语道：

"这马已经跟随我六年了。"说着说着，他忽然一拍额头，大呼，"我好健忘，差点误事。这马有病，我忘记告诉你了。"

"我知道马有病。"

"那你告诉买主了吗？"

"没有。这马膘肥体壮，毛色又亮，我不说马有病，谁能看得出来？如果告诉买主这马有病，哪还能卖五十缗钱？"

"不，不能这样。这匹马有肺病，在大热天的时候易发野性。明天你一定要对买主说清楚。"

老家人不以为然地说：

"市场买卖，哪有说真话的？"

"话可不能这么说，让人家用买一匹好马的钱买一匹病马，这不是骗人是什么？这样的事咱不能干。明天你一定要实话实说，他如果真要买，价钱可低些。"

第二天，老家人把马牵到了市场后，将马所患的病和买马的老者说了，并说这是司马相公特意让他交代清楚的，不能让买主吃亏上当。老者听了很受感动。周围的人听说闲居本地的司马相公诚对买马人的事后，纷纷称赞他为人诚实。

陈泊据实办案

北宋仁宗年间，京城开封府曾经发生过这样一件事。

一天清晨，在开封街头上，有一群不务正业的年轻人正在闹事，几个卫兵上前制止，双方争吵起来，继而扭打在一起。在殴斗中，其中一个卫兵被打死。光天化日之下，在京城大街上打死卫兵的事以前还没有发生过。消息传开后，开封街头巷尾议论纷纷。朝廷十分重视此案，接连派人前往开封府，追问此案处理情况。

杀人偿命，天经地义，那群年轻人理应受到重罚。可这回，开封府上上下下却为另一个人担心起来，他就是开封府的功曹——陈泊。

陈泊为人一向正直，对工作也恪尽职守，在开封府很受人们的尊敬。可是他又没有打人，大家为什么替他担心呢？原来，在犯案的年轻人中，有一位恰巧是陈泊的亲属。按当时的法律规定，地方官吏的亲属如在当地行凶杀了人，除当事人要判重罪外，地方官也要受到一定的责罚，轻则降级，重则丢官坐牢。陈泊是开封府的中级官员，如今他的亲属闯下了这样的大祸，他势必也要受到责罚。

凑巧的是，案发那天，开封府正是陈泊当班。按规定，调查核实案件经过都由值班官负责。于是，有些好心人便劝陈泊，可以掩盖案件真相，大事化小，自己也可以免受牵连。有位朋友还提示陈泊，如果在验尸报告上谎称那个卫兵是因为在斗殴中突发了某种急症导致身亡，并非被打致死，这样案情就轻多了。

面对朋友们的劝说，陈泊在思想上展开了激烈的斗争。一连几天，他茶饭不思，夜不能寐。他知道，此案案情重大，若照实报上去，上面一定会重判。重判那群不务正业的年轻人，陈泊倒觉得理所应当，特别是那个亲属，平时自己没少管教他，但是他一意孤行，此次若重判也是他罪有应得。可自己因此获罪，确实也太委屈了。想到这，他便不由得产生了几分动摇，想更改调查案情的报告。可转念一想，如果更改了案情报告，自己固然可以免遭责罚，可受害人岂不白白冤死了吗？难道能为了自己而让罪犯逍遥、让受害人沉冤吗？再说，朝廷为什么要立此项规定呢？还不是要地方官加强对亲属的管束吗？他如果滥用职权，为自己开脱了罪责，那朝廷的这条规矩还有什么用？想到这些，陈泊坚定地对前来劝说的朋友们说：

"那个卫兵确实是被打死的，我应该实话实说，勇于承担罪责。请诸位不要再劝我了。"

于是，陈泊很快将案情如实上报，还特别说明了其中一名凶手是他的亲属，并要求朝廷在严惩凶手的同时，也给予他严厉的处罚。

后来，这件事传到了宋仁宗那里。宋仁宗不但没有处罚陈泊，而且对他正直诚实的品德表示赞赏，后来还提拔他担任三司副使等要职。

张岱自拟墓志铭

明朝末年，有一个出身官宦世家的子弟，名叫张岱。他从小娇生惯养，长大成人后，虽读了些书，但并不想靠科举步入仕途，而是结交了一些酒肉朋友，整天吃喝玩乐，别人再劝也无济于事。当时，一提起张岱，无人不知，无人不晓。

在张岱50岁那年，清军入关。他亲眼看到清军到处烧杀掳（lǔ）掠。国破家亡的悲剧打破了他的玩乐梦，他幡然醒悟，和以前判若两人。

清军大规模入关后，明朝的好多官员都留起了辫子，向清军乞降。张岱却誓死不当亡国奴。他只身一人披头散发地跑到深山里，搭了一个茅草棚住下来，过起了野人般的生活。渴了就喝山泉水，饿了就吃山上的野果、野菜，偶尔也能打到只野兽：就这样，他顽强地生存了下来。他睡在用野草和树叶铺成的地铺上，眼望茅草棚顶，对自己的前半生做了深深的反省。他后悔年轻时没有为国家出丁点力，他决心把自己的后半生献给国家。靠着朋友们的帮助，他搜集了一些资料，在做了潜心研究后，他决定写一部反映明朝历史的书——《石匮藏书》。艰苦的野居生活磨炼了他的意志，他正是凭借着坚强的毅力完成了书稿，书中抒发了他对故国的无限眷恋之情。

在写《石匮藏书》的同时，张岱还写了大量的诗文用来检讨自己的过去和表达对故国的愧疚之意。

张岱坚贞不屈的民族气节也感动了许多人，大家彻底改变了对他的看法，称赞他是一位义士。他却一刻也没有原谅自己以前的过错，仍常常写文反省。特别是在69岁时，他自感时日不多，便开始对自己的一生进行总结。在回顾自己一生的经历之后，他既有自豪和欣慰，也有委屈和后悔。于是，他便给自己拟就了一篇墓志铭，真实地记述了一生的作为和悲欢。

在墓志铭的开端，张岱真诚坦荡，秉笔直书：

"蜀人张岱，陶庵其号也。少为纨绔子弟，极爱繁华，好精舍，好美婢，好娈童，好鲜衣，好美食，好骏马，好华灯，好烟火，好梨园，好鼓吹，好古董，好花鸟……"

有一天，茅草房里来了一位客人，他是张岱以前非常要好的朋友。张岱十分高兴，立即忙着张罗饭菜。这位朋友随手拿起桌上的文稿，题目是"自为墓志铭"，便不由得读了下去。当他看到张岱追悔往日的腐朽生活并深刻地检讨时，被那坦荡的胸怀和诚实的态度深深打动了。

"好文章！好文章！当年陶渊明、徐文长自写墓志铭，实事求是，赢得了后人的敬仰。没想到你也有这样坦荡的胸怀和豪迈的气度啊！"老朋友连声赞道。

"老兄过奖了，如今小弟已追悔莫及，唯一能做的就是给后人留下一个真实的张岱……"

"老弟，你的心情我十分理解。不过，对以前的过错，自己记住就行了，何必写进墓志铭呢？你不怕以后影响你的名誉吗？"

"老兄，此言差矣！我认为一个人的诚实，不仅要表现在不欺人，也要表现在不自欺。我之所以不文过饰非，就是不想自欺欺人。让子孙后代记住我年轻时的种种劣行，从而接受我的教训，自觉培养优良的品德，端正自己的言行，这正是我诚实记载自己年轻时不良行为的初心。"

"老弟说得对，写得好！"老朋友由衷地赞叹张岱的诚实和用心良苦。随后，两个人将手紧紧地握在一起。

守信

季札挂剑赠亡友

春秋时候，吴国公子季札受吴王的委托出使北方，途中拜访了徐国国君。徐国国君早就听说季札人品出众，才学超群，从心里敬重他。这天，他亲自将季札迎回府里，设宴款待。两人一见如故，边饮边谈，从修身养性谈到剑术剑道，从个人兴趣谈到国家大事。两人越谈越投机，越谈越知心，大有相见恨晚之感。

次日，两人又在院子里饮酒，季札对徐国国君说："国君，久闻您剑术高超，能否让我见识一下呢？"

徐国国君是个侠义爽快之人，毫不推辞，一步跃到院中，说一声"献丑了"，便拔出宝剑舞起来。他把剑舞得像龙蛇飞舞，只见剑光，不见人影。

季札连声叫好。徐国国君收剑抱拳道：

"过奖，过奖。早就听说您不仅剑术精妙，而且还有一把祖传宝剑，可否也让我开开眼界？"

（俞杰星 绘）

"宝剑倒有，剑术精妙却不敢当。"季札说着，解下腰间的宝剑递给了徐国国君。国君接过宝剑，细细端详，只见剑长不过三尺，外面镶着宝石，并未见有特别的神奇之处。季札像是看出了他的心思，上前解释道：

"这把宝剑剑锋犀利无比，削铁如泥，特别是能将柔软之物挥成两段。"说着，他令一个随从爬到树上，将一块丝绢抛下。那丝绢随着轻风飘飘忽忽地落了下来。"呼"的一声，季札一跃而至半空，只见剑光闪烁，再看那丝绢早已变成四片，纷纷落地。大家齐声喝彩。徐国国君赶忙要过宝剑，一边欣赏，一边连声赞道：

"真是神剑，神剑啊！"

自此以后，季札发现国君无论干什么都心不在焉。他知道国君是个爱剑如命的人，见到如此宝剑，心里自然很想得到。但这把宝剑非比寻常，它不只是自己的心爱之物，又是传世之宝，同时也是作为国家使节的信物。如今，出使任务还没有完成，又怎能将它送人呢？季札非常为难。

几天后，季札要走了。徐国国君送出好远，两人洒泪而别。季札在心里默默地说："国君，您放心，等我出使归来，定将这把宝剑亲手送给您。"

数月后，季札出使归来，兴冲冲地去拜见徐国国君。万万没有想到，国君竟于一个月前意外地去世了。季札心如刀割。他赶到国君的墓前痛哭了三天。离开时，他解下宝剑，轻轻地挂在了墓前，并嘱咐守墓的人看好宝剑，然后泣不成声地说："国君，这把宝剑我答应送给您的，现在我把它留下了，您见到它就如同见到了我……"

"没听说公子答应把宝剑送给国君呀？"随从不解地

问。季札答道："我嘴上是没答应，可我心里早已许下了诺言。如果因为朋友不在了，就违背诺言，那我岂不是成了背信弃义之人？"随从们听了，从心底里敬佩季札的为人。

曾参杀猪取信

曾参是孔子的得意弟子。他不仅勤奋好学，而且品德高尚，人们都尊称他为曾子。

曾参小时候，家中非常贫寒。为维持生计，他跟母亲一起从事农业、手工业劳动，过着"三日不举火，十年不制衣"的清贫生活。

长大之后，曾参做了鲁国的小官。当官处事，他仍然坚

（俞杰星　绘）

持以信为本，一旦答应了别人的事，总是千方百计地办好，即使对自己的儿子曾申，也是说到做到。

一天，曾参的妻子准备去集市上买东西，儿子追着她直哭，要跟着上集。妻子为了摆脱儿子的纠缠，便哄骗儿子说：

"好孩子，这次娘买的东西很多，而且路途遥远，不能带你去。你在家好好玩，等你爹回来，让他杀猪给你煮肉吃。"

儿子一听母亲答应他杀猪吃肉，马上高兴地蹦了起来，不再闹着跟娘上集了。

不一会儿，曾参回来了。他见儿子正在摆弄一把菜刀，忙走过去一把夺下，责备道：

"小孩子怎么玩菜刀呢？"

曾申见爹回来了，兴奋地说：

"爹，娘让你回来杀猪！"

"杀猪，谁说的？"

"我娘说的，她亲口答应我的。"

"小孩子可不许撒谎！"

"我自幼受爹爹教育，从不敢撒谎骗人！"曾申极其认真地说。

曾参感到很奇怪，心想："看儿子的口气不像在撒谎，一定是妻子哄孩子随口说的，小孩子当了真。杀吧，猪还没长成，怪可惜的；不杀，怎么给孩子解释呢？"

谁知曾申见爹爹不开口，就低声问道：

"爹，你说娘答应我杀猪吃肉，今天要是不杀，算不算不守信用？"

曾参一听就笑了：

"好！你这个小机灵鬼。既然你娘答应杀猪，那咱们现在就杀！"

曾申高兴得直拍手。曾参磨刀、烧水，忙得不亦乐乎。等妻子赶集回来时，那头猪已变成了一堆肉。

妻子一看，忙问道：

"咱家之前都是逢年过节才杀猪的，怎么今天就把它杀了呢？"

"你答应儿子杀猪，我才杀的。"曾参应声答道。

"嗐（hài），我是因为缠不过孩子，才随口一说，你就当真把猪杀了？"

曾参严肃地说：

"你既然答应了孩子，就要说到做到，不能欺骗他。今天你言而无信，欺骗了他，明天他就可能会像你一样，去欺骗别人。我们要教育孩子明白做人的根本，这可是关系他一辈子的大事！"

听到这里，妻子理解了丈夫杀猪的良苦用心，便高高兴兴地去烧水煮肉，实现了对孩子的诺言。

管仲以信服诸侯

春秋初期，著名的政治家管仲经鲍叔牙推荐，做了齐国的宰相。管仲辅佐齐桓公40多年，一直把"诚信"二字作为处理国事的准则，深得各诸侯国的敬服。

当时，全国有大小70多个诸侯国，为了争夺地盘，各诸侯国之间进行着无休止的兼并战争。作为诸侯国之一的齐国，地处东海之滨，地盘不大，国力也不算强，怎样才能不被兼并而又日益强大起来呢？齐桓公问计于管仲。

管仲胸有成竹地说：

"大王想称霸诸侯，对内要大力发展工商业，使国家富足，军力强大；对外要在诸侯国中树立威望。这光靠武力不行，武力只能压服一时，只有信义才能使各国诚服。"

齐桓公很赞赏管仲的建议。

怎样才能在诸侯国中树立威信呢？当时周天子名义上是天下共主，实际上有职无权。各国诸侯都瞧不起周天子，不按时去朝拜，也不依例缴纳贡赋。由于各国之间忙于打仗，西北边境上的戎狄部落不断向中原地区侵略扩张，严重地威胁着周王朝和各诸侯国的安全。于是，管仲向齐桓公建议说：

"大王，机会来了。您可向各国诸侯发出倡议，要各国'尊王攘夷'，即尊奉周天子，打退戎狄部落的入侵。"

倡议发出后，齐桓公以身作则，朝见周天子，并缴纳各种赋税。各国诸侯见齐桓公言而有信，也纷纷仿效。接着齐桓公又向受戎狄部落侵害严重的燕国、卫国等诸侯国发信，表示愿意动员中原各国去支援他们。果然，在齐国的带动和帮助下，燕国和卫国赶走了侵略者，收复了失地。燕庄公心存感激。齐桓公撤军时，燕庄公一送再送，不知不觉地进入了齐国境内。齐桓公微笑着说：

"按规矩，诸侯相送是不出国境的，除非是周天子。我不能对燕国妄自尊大，也不能破坏这个规矩。"

于是，齐桓公把燕庄公所到的地方全部割让给燕国。此后，齐国在其他诸侯国中的威信大大提高了。

后来，齐、鲁两国产生了矛盾，战争一触即发。鲁国根本不是齐国的对手，在连吃了几次败仗之后，不得不献地求和。齐、鲁两国约定在柯地（今山东阳谷县与东阿县之间）举行会盟。管仲跟着齐桓公到了柯地。当齐桓公和鲁庄公议好了条款，正准备签字时，突然一个人跃上台来，手拿一把明晃晃的匕首逼近齐桓公，大声说道：

"我是鲁国的大将曹沫。鲁国的城池怎能白白地送给别人呢？不但这次不能割地给你们，以前你们侵占我们的土地也要归还。你如果不答应，我就对你不客气了！"

齐桓公见情势危急，只好硬着头皮答应了。

惊魂未定的齐桓公回到住所后，回想起刚才那一幕，便恨得咬牙切齿。他气冲冲地对管仲说：

"曹沫也太可恶了，竟然拿刀要挟我。我肯定不会归还鲁国的土地！"

管仲劝谏说：

"大王，您千万不可这样做。您既然已经答应了他，就应该履行诺言。如果贪图小利而违背了诺言，这不仅会失信于鲁国，而且将失信于天下诸侯。大王，您要三思啊！"

齐桓公思索良久，最终同意了管仲的意见，把鲁国的地全部归还。

齐桓公虽然失去了几个城池，但以信义赢得了人心。诸侯们知道这件事后，都认为齐桓公守信誉，纷纷依附齐国。后来大家推举齐桓公为盟主，承认了齐桓公的霸主地位。

商鞅立木为信

商鞅是我国战国时期一位杰出的政治家、改革家。年轻时，为了寻找用武之地，他选择来到秦国。

年轻的秦孝公是一位励精图治的君王，为了振兴秦国，他颁布了"招贤令"。商鞅一到秦国，立即得到秦孝公的接见。秦孝公听商鞅谈论富国强兵之道，一连几天不知疲倦。秦孝公非常赞同他的变法主张，于是任命他为左庶长，主持变法，并对满朝官员宣布：

"变法之事由左庶长负责，违抗他，就是违抗我！"

商鞅得到了秦孝公的信任后，心想："要变法成功，就

（俞杰星　绘）

必须做到令行禁止，在全国上下树立起诚实、守信的风尚。怎样才能做到呢？"他冥思苦想了好几天，最后终于想出了一个好办法。

秦国都城的南门外有一个大市场，市场上店铺林立，十分繁华。正值一天中市场上最热闹的时候，商鞅命令两个差役把一根两丈来长、碗口粗细的圆木竖立在市场最繁华的地段。周围的百姓不知搞的是什么名堂，都围上来观看。一位官员对围观的人说："大家听着，左庶长有令，把这根木头扛到城北门口者，赏金十两！"

围观的人议论纷纷："嘿，这倒是稀奇事，扛一根木头就赏金十两。"

"天下哪有这么便宜的事，怕是耍人玩的吧！"

"这位新来的左庶长葫芦里到底卖的什么药？"

围观的人越来越多，可就是没人去碰那根木头。商鞅听说后当场宣布："赏金增加到五十两！"

在场的人都惊呆了。正在这时，忽然从南边走来一个年轻力壮的小伙子，大步跨到差役面前，说一声："闪开了，我来扛！"

小伙子扛起木头，边走边说道：

"我倒要看看，这位左庶长大人说话算不算数。"

小伙子扛着木头大步流星地朝北门走去，后边跟随的人群汇成了一条长龙。

商鞅已经在北门等候多时了。想不到通过悬赏这样的方法来让人扛一根木头，也这么颇费周折，可见官府平日里的言而无信，已经在百姓心中产生了多么坏的影响。他越发觉得，今天的做法有意义极了。他见小伙子将木头扛来了，脸上不禁露出欣然之色。他立即命人奉上赏金并大声说道：

"小伙子，你按我说的做了，请去领赏吧！"

小伙子手捧着五十两赏金，心满意足地离开了。不一会儿，商鞅站在城楼上对大家说：

"你们都看到了吧，本左庶长说话是算数的。如今，我受国君之命，实行新法，目的是让秦国富强起来。今后，凡按法令办事者，都有重赏；违抗法令者都会受罚。"说完，他命人将制定的新法令公布了出来。

商鞅立木取信这件事，迅速传遍全国。大家都说新任左庶长言必信，行必果，是个值得信赖的人。因此，百姓对新法的执行不敢有丝毫的怠慢和疏忽。

贯高重信不嫁祸

公元前204年，汉高祖刘邦派张耳、韩信攻破了赵国的井陉（xíng），杀掉了赵王，并让张耳取而代之。两年之后，张耳病故，张耳的儿子张敖继位。刘邦将大女儿鲁元公主许配给张敖为妻。

公元前200年，刘邦因追击匈奴被围，脱围后途经赵国。赵王张敖见岳父到来，十分谦卑，亲自端酒送食，服侍刘邦。然而刘邦根本不把他放在眼里，不仅不以礼相待，反而大声呵斥、责骂张敖。张敖的丞相贯高及赵午等一班大臣见刘邦如此无礼，十分生气，便动员张敖反叛汉朝，杀掉刘邦。张敖听后，心慌意乱，坐立不安。为了证明自己的忠心，他连忙咬破手指，写下血书，发誓绝不反汉杀刘。之后，贯高找赵午等人私下商议道：

"今天刘邦侮辱赵王，我们要杀了他，但赵王忠厚，不肯忘恩背德，我们实在不该同赵王商议此事，玷污了赵王的美名。现在我们还是要杀刘邦，但这事绝不能让赵王知道。假如成功了，自然是赵王的福；一旦失败了，一切罪责由我们自己承担，不论在任何情况下，都不能食言。"

众人听后，连连点头称是。

公元前199年，刘邦从东垣（今河北正定县南）回长安，贯高等人就在刘邦必经之地柏人县（今河北隆尧县城西）暗中埋伏了杀手，准备在刘邦留宿的地方将他杀死。不料刘邦没在柏人县留宿，贯高等人的计划落空了。

公元前198年，贯高的仇人听说了他们企图杀害刘邦的事，便立即向朝廷告密。刘邦即刻派人逮捕了赵王。消息传来，赵午等人纷纷要自杀，贯高训斥道：

"我们本不想连累赵王，现在赵王被捕，你们要是自杀了，谁替赵王洗清不白之冤呢？"说完，他率先按死囚的样子剃去头发，跟随赵王来到长安。

到长安后，贯高一口咬定：

"此事是我们谋划的，赵王毫不知情。"

负责审讯的官员以为贯高有意庇护赵王，便对他施以酷刑：先用板子打，后用鞭子抽，最后用烧红的铁条戳。贯高身上鞭痕累累，血肉模糊，然而他始终都是那句话："赵王毫不知情。"

刘邦见严刑拷打下，贯高仍固执一词，便又派他的同乡好友泄公前去询问。贯高详细地对泄公讲了事情的原委。

泄公把情况向刘邦报告后，刘邦立即释放了赵王。同时，他对贯高的这种重义守信的节操十分敬重，也准备释放贯高。当贯高听到这两个消息后，高兴地说：

"我之所以不死，是想为赵王辩白，现赵王已被释放，我的责任已经尽到，死而无憾了。"

说罢，贯高仰起头，断颈自杀了。

贯高虽然死了，但他重义守信、敢作敢当的高尚品质赢得了天下人的赞扬。

范式守信赴约

东汉时期，有一天，在京城洛阳的太学内，太学生们三个一群，五个一拨，正在互道珍重。原来，又有一批太学生要毕业了，他们即将奔赴各地。

校园小道上走来了一高一矮两个太学生，高的叫范式，矮的叫张劭（shào），两人是同窗好友。在这几年的太学生活中，他俩形影不离，结下了深厚的友谊。如今就要各奔东西了，两人的心情都十分沉重。他们走出校门，来到了滚滚的洛水岸边，两个人的眼眶都有些湿润了。张劭拉着范式的手伤感地说：

"范式兄，你我二人情深义重，今日一别，不知何时才能重逢。"

"张劭弟，不要太难过。花开花落，事在人为，两年后的今天，我一定前去汝南拜望兄弟。"范式语气坚决地说。

“好！好！一言为定。到时我一定恭候范兄光临寒舍。”张劭忙不迭地说。随后，两人洒泪而别。

张劭回到家中，便将自己的好朋友范式两年后来访这件事告诉了母亲。母亲笑着说：

“你也太认真了，这话不过说说而已，两年后的事谁说得准呢？”

“不！范兄是非常守信用的人。他要么不说，说了就一定会做到。”张劭不以为然地说。

春去秋来，冬过春至。范式和张劭相约重逢的日子越来越近了。

到了约定的前一天，张劭提醒母亲说：

“母亲，明天范兄就要来了，请您费心准备酒菜，务必要好好款待！”

“时隔两年，又是远在千里之外，范式会按时来吗？”

（俞杰星　绘）

母亲怀疑地问。

"范兄最讲信用，他绝不会食言的。此时，他应该进抵东郡了。"

母亲仍是半信半疑地说：

"那好，要是他守信赴约，明天我一定杀鸡宰羊，盛情款待你的好朋友。"

第二天一早，张劭便来到村头迎候。约摸巳（sì）时，一个身穿青衫的汉子骑马而来。他正是范式。

"范兄，你果真来了！"张劭激动万分，赶忙迎上前去，紧紧抓住了范式的手。

两人边走边聊，不一会儿就来到了家门口。

"母亲，范兄来了！范兄来了！"张劭兴奋地高声喊道。

张劭母亲赶忙迎了出来。范式连忙上前施礼问好，并献上了家乡的土特产。

范式和张劭久别重逢，十分亲热。

几天后，范式要回去了。离别时，两人再次相约，来年九九重阳这一天，同赴汝南山巅登高。

南朝的范晔（yè）把这个故事记在了《后汉书》中，使这段佳话流传于后世。

郭元振冒雪出访

701年，唐朝官员郭元振出任凉州（今甘肃武威）都督。上任后，他积极采取措施，大力发展生产，使荒僻的河西走廊一带成为经济繁荣、社会稳定的地区；他又特别注重和西域各部落友好交往，尊重他们的风俗习惯，使玉门关外羌笛悠扬，一派祥和气氛。

唐中宗神龙二年（706年），郭元振被授予左骁卫将军、安西大都护之职。为进一步增进同突厥的友好关系，他决定出关，去礼节性地拜访七十岁高龄的西突厥可汗乌质勒。乌质勒一贯对唐王朝友好。郭元振非常尊重他，提前派信使约定了拜访的日期。

这是郭元振第一次以封疆重臣的身份拜访西突厥可汗。

启程的这天清晨，郭元振和副使解琬一行刚准备启程，突然，风云四起，天空飘起了鹅毛大雪。郭元振看看天，语气低沉地问解琬：

"这雪多久能停？"

"塞上风云，一日数变，要不了多久就会停的。"解琬胸有成竹地说。

谁知，早饭过后，风助雪威，雪越下越大。漫山遍野，银装素裹，这是塞上多年来少见的大雪。

辰时已到，郭元振看看天空，天空仍灰蒙蒙的。他怕耽误行程，便坚定地说："不能再等了，立即出发。"

"都护，雪路难行，何不另改行期？我想可汗也不会怪罪我们的。"解琬劝谏道。

"不行，我们双方既已约定时间，哪能背信爽约呢？况且这次出访又是我方先提出来的。要知道，突厥人是最讲信义的。如果连这么小的事都失信，今后他还能相信我们吗？'民无信不立。'副使博学多识，怕不会连这个道理也不懂吧！"

"懂得！懂得！"解琬见都护如此坚决，连声应诺。

郭元振一行冒着鹅毛大雪上路了。马队踏着厚厚的雪层，艰难地前行。他们克服了种种困难，翻过了一道又一道山丘，终于在当天晚上，来到了突厥可汗的驻扎地。乌质勒和太子在幕帐外已恭候多时。见郭元振一行冒雪赶来，他们急忙上前迎接。

"可汗，让您久等了。雪深难行，路上耽搁了时间。"郭元振颇感歉意，躬身施礼道。

"真是百闻不如一见，大都护果然名不虚传！您乃大唐贵人，遇上如此恶劣的天气，尚能如期前来，我等十分敬佩。"乌质勒言出肺腑，满怀兴奋地说。

"哪里，哪里。能与可汗竭诚相见，也是我多年的夙愿。"郭元振心潮澎湃地说。

雪下得更大了，帐篷内却春意融融。郭元振和乌质勒促膝长谈，气氛十分融洽。

郭元振守信出访，赢得了突厥可汗的信赖，双方的关系也越来越友好。

无名大侠以死谢罪

宋代开封知府包拯，执法公正严明，有恶必惩，铁面无私，人称"包青天"。

包拯初任开封知府时，开封一带接连发生了几起命案。有几个恶霸接连被杀，而且都是在睡梦中被人一剑结束掉性命。包拯在办理此案时发现，这几起命案有一个共同特点，那就是被杀者最近都干过伤天害理的事。从杀人的手段看，显然是同一人所为。这件事很快就传遍了城内外，老百姓无不拍手称快，称那个杀人者为"无名大侠"。

一连数日，案子一点线索也没有，包拯十分着急。正当此案毫无进展之时，城里又发生了一件事：开封的一个恶霸抢了个民女，并把姑娘的老父亲打死了。此人仗着自己有亲戚在朝中做高官，又会些拳脚功夫，平时横行乡里，为害一方。

包拯料定无名大侠一定会来，决定将计就计。他先没有惊动这个恶霸，而是带了几个捕快埋伏在这个恶霸家周围。第三天晚上，无名大侠果然来了。一向机警的他还没进院就发现了包拯他们。他转身就要逃跑，包拯率人在后紧追。等追到郊外的一片树林里，无名大侠拔出宝剑对包拯说：

"难道包大人一定要阻拦我为民除害吗？此恶霸我今天杀不了，明天，后天，我也要杀了他。"

"大侠为民除害，侠肝义胆。但我作为开封知府，铲除恶霸，为民申冤，乃是我的职责。如果大侠信得过我，就把这件事交给我处理。如果我失信于大侠，到时候，大侠不仅可以杀了那个恶霸，就连我也听凭大侠处置！"包拯正义凛然地说。

无名大侠觉得言之有理，就答应包拯说：

"好吧！那咱们就一言为定。如果大人失信于我，别怪我对大人无礼！"

包拯笑了笑，随后态度严肃地对他说：

"今后我若有哪件事对不起百姓，大侠可以随时来取我的项上人头。不过我也有个要求请大侠答应，请你不要擅自杀人。那些作奸犯科者，我自会按国法治罪。"

"既然大人能秉公执法，为民除害，我保证今后决不擅自杀人，如有违约，定以死谢罪！"

两人击掌为誓后，各自离去。

包拯顶住了各方面的压力，处决了那个恶霸；无名大侠也遵守诺言，从此销声匿迹。

有一天，包拯起床后发现桌上放着一封信。他急忙展开一看，是无名大侠写的。信中写道：

"包大人，三年来，您有恶必惩，深令小人钦佩；我也坚守信约，未擅自杀害一人。昨天遇到四个歹徒劫杀良民，他们不听我劝阻，我一时激愤，杀了三个，留一活口现绑在您府后院。我已违约，决定以死谢罪，请包大人到那晚的树林里去查验我的尸首吧！"

包拯急忙带人赶到那片树林里，只见无名大侠早已吊死在树上。包拯感慨地对手下人说：

"真是一位亘（gèn）古少有的大义士啊！可惜我来晚了。"

朱元璋守信杀婿

1368年，朱元璋统一天下，建立了明王朝。为了发展汉族同北方各族的关系，他派人组织了明政府和少数民族以物换物的贸易活动。

明政府要加强国防，充实军队，需要游牧民族的良马；而游牧民族多吃牛羊肉类，需要南方的茶叶。明政府和少数民族以茶换马，互惠互利，贸易活动搞得十分红火。

然而，有一些投机商人不顾政府法令和利益，搞起了走私活动。他们把茶叶偷运出境，高价卖给少数民族，然后再低价收购马匹，运回内地高价出售，以此牟取暴利。

走私活动愈演愈烈，如不严令制止，势必会给国家财政带来重大损失，同时也会影响汉族与少数民族之间的关系。朱元璋知晓后，立即下达了一道命令：严厉打击走私活动，如再有作奸犯科者，严惩不贷；对揭发走私者，一律重赏！

命令颁发之后，走私活动的猖獗（jué）势头得到了遏制。但是也有少数达官显贵，依然我行我素，对国家的禁令置若罔（wǎng）闻。朱元璋的女婿欧阳伦就是其中的一个。

这天，欧阳伦在南方低价收购了50箱茶叶，让管家周保押车，准备运到兰州高价出售。

车队从南京出发，一路畅行无阻。各个哨卡的官员知道朱元璋的禁令，更知道欧阳伦是当朝驸马，谁也没有胆量查驸马的走私货。然而，车队到达兰州的黄河桥头时，却遇到了麻烦。守桥的小官见车上装的是政府严禁的走私茶叶后，立即下令停车检查。

押车的周保，平日里狐假虎威，根本没把守桥小官放在眼里。他从车上跳下来，破口骂道：

"你们也不睁开狗眼看看，这是谁的车！我看你们是活得不耐烦了！"

守桥小官也不示弱，立即回敬道：

"我奉朝廷之命，在此查禁走私物品，不管是谁的车，统统都要接受检查！"

周保见这小官不买账，一招手，车上立即跳下十几个如狼似虎的家丁。他们按倒守桥官，狠狠地打了他一顿。

守桥官被打得鼻青脸肿，随后，他愤然地向朱元璋写了一道奏章，状告当朝驸马欧阳伦违反禁令，走私茶叶，还纵容家丁殴打朝廷执法人员。

朱元璋收到奏章后，心中踌躇（chóu chú）不定。如果按禁令办事，欧阳伦当斩，但这样一来，女儿岂不成了寡妇？如果宽宥（yòu）了他，那么又如何取信天下百姓，如何打击走私活动呢？思忖再三，朱元璋态度坚决地说：

"百姓尚以守信为本，更何况是一国之君。自己既然有言在先，一定要依禁令办事，严惩自作自受的驸马，奖励严格执行禁令的守桥小官。"

于是，朱元璋立即下诏：严惩欧阳伦，赐自缢（yì）；严惩周保，立即斩首。同时，在诏书中，他还严厉地谴责了那些包庇欧阳伦、不进行劝阻和检举的官员，褒奖了兰州那位守桥官。之后，他又特意安排专使赶到兰州，慰问并重赏守桥官。

全国的官员和百姓对朱元璋不顾私情、言而有信的做法十分感动，便立即行动起来，自觉遵守政府禁令，打击走私活动。很快，国家的边贸活动便恢复了正常。

勤劳

司马迁勤奋著《史记》

司马迁是我国西汉时期伟大的文学家和史学家，他以超越常人的勤奋和坚韧不拔的毅力，完成了我国历史上第一部纪传体通史——《史记》。

司马迁自幼勤奋好学。稍稍年长之后，他随父亲司马谈来到长安（今陕西西安），决定继承父亲的事业，写一部传世的史书。

为了实现自己的远大理想，司马迁20岁时便告别父亲，到祖国各地漫游，为编著史书积累了丰富翔实的资料。他先出武关，经南阳至南郡，渡江到长沙访问了屈原自沉的汨罗江；接着登庐山，眺望大禹疏导的九江；然后顺江东下，临

（俞杰星　绘）

会稽，访姑苏，考察了当年吴越争霸的古战场；之后，又渡江北上，到淮阴寻访韩信早年生活的逸事和遗迹，到曲阜参观孔子的庙堂，到徐州丰县、沛县一带搜集有关汉高祖刘邦及大臣萧何、樊哙（kuài）、曹参等人的民间传说……

祖国的名山大川、各地的风土人情、名人的故居逸事，极大地丰富了司马迁的知识，开阔了他的视野，也培养了他深入民间挖掘史料的习惯。

司马谈去世以后，司马迁继承父业，担任了太史令。为了实现自己的志向，他如饥似渴地阅读图书馆的藏书，搜索、整理和考证历史资料。为了厘清一桩桩历史事件的来龙去脉，司马迁在那些断简残编中不知付出了多少心血。在准备了丰富的资料之后，41岁的司马迁才动笔撰（zhuàn）写《史记》。

到了48岁那年，巨大的不幸又落在司马迁的头上。将军李陵因为寡不敌众，迫不得已投降匈奴。司马迁为李将军辩解了几句，结果汉武帝大发雷霆，将其关进了监狱，并施以残酷的腐刑。遭受了这种侮辱人格的刑罚后，司马迁本想一死了之。然而，他想到了父亲临终的嘱托，想到了自己做史官的责任，决心继续顽强地活下去，完成自己未竟的事业。

50岁那年，司马迁被释放出狱。他顶着人们的耻笑，独居幽室，继续勤奋写作。在写作中，他不允许自己稍有懈怠，经常用古代志士仁人遭受挫折后奋起的精神来鼓励自己。他以其"究天人之际，通古今之变，成一家之言"的史识，凭借坚强不屈的毅力，终于完成了这部50多万字的不朽著作。

司马迁呕心沥血撰写成的《史记》，不仅是一部优秀的历史著作，而且是一部在情节、语言、人物刻画上具有高度艺术性的文学巨著，被鲁迅先生誉为"史家之绝唱，无韵之《离骚》"。

张衡术穷天地

在西方天文学家哥白尼、伽利略出现前一千多年，中国就诞生了一位伟大的天文学家——张衡。郭沫若先生在张衡的墓碑上写道：如此全面发展之人物，在世界史中亦所罕见，万祀千龄，令人景仰。

张衡生活在东汉时期。他自幼喜爱读书，善于思索。青年时代，他周游天下，游览名山大川，考察历史古迹，访问民俗风情，写下了脍（kuài）炙人口的《温泉赋》《二京赋》等优秀作品。

37岁那年，张衡被朝廷任命为太史令，掌管国家的天文历法。自幼勤奋好学的张衡，更是勤勉工作。每天晚上，只要不下雨，他都会仰望天空，观察月亮星辰的变化，探索其运行的规律。

当时，人们关于宇宙构造和运行的理论，主要有浑天说、盖天说、宣夜说三派。浑天说认为天像蛋壳，地像蛋黄，地居天内，日月星辰都在蛋壳上运行；盖天说认为天像盖笠，地像棋盘，日月星辰都附在天盖上面，天盖不停地转动，周围的日月星辰也在不停地转动；宣夜说则认为天没有固定的形状，日月星辰都附在虚空之中。张衡对这三派理论，都做了广泛精深的研究。最后，他根据常年观测天象的收获，著作了一篇有关天文的代表作——《灵宪》，全面体现了他在天文学上的成就和发展。

在《灵宪》中，张衡详细地讲到了宇宙的起源、宇宙的无限性以及天地的结构等理论，找出了太阳运行的规律，解释了夏天昼长夜短、冬天昼短夜长的原因和月亮盈缺的由来。之后，他又经过无数次的研究和试验，制造出了科学、精巧的浑天仪。

浑天仪制造成功之后，张衡并没有就此止步。当看到频繁的地震给人民的生命财产造成的巨大损失时，他又用极大的热情去研究地震。经过长期的探索和研究，终于在54岁那年，他发明了可以测定地震时间和方向的地动仪。

这个地动仪用精铜铸成，形状像个酒坛，四周铸着八条龙，龙头分别朝着八个方向。每条龙嘴里衔着一颗小铜球，龙下面相应铸着一个张着嘴的铜蛤蟆。哪个方向发生了地震，哪个方向的龙头就自动吐出铜球，落在蛤蟆嘴里，并发出响亮的声音以告知震源的方向。朝廷因此能及时地派人救援震区，减少损失。

138年，陕西发生了地震，当时的京都洛阳并没有感到震动，地动仪却对千里之外的陕西地震做出了灵敏的反应，当时京都的人都惊叹不已。

139年，61岁的张衡离开了人世。张衡一生努力勤奋，刻苦钻研，其"术穷天地"的卓越贡献，在中国和世界科学史上都闪耀着灿烂的光辉！

祖冲之精算圆周率

凡是在科学领域内取得辉煌成就的人，不单单要靠智慧和才华，还要靠勤奋和刻苦。祖冲之就是一位生于乱世而勤学不辍的科学家。

魏晋南北朝时期，当时的中国，南北对峙，战祸频繁。祖冲之的先辈为了躲避战乱，举家自河北南迁至江南，在刘宋王朝担任掌管国家历法的小官。良好的家庭教育，使祖冲之从小养成了热爱科学的好习惯。每天除了阅读父亲规定的《论语》等书籍外，他还特别用心地钻研天文学、数学等领域的知识，在青年时代就已享有博学的名声。

（田继豪　马创业　绘）

宋孝武帝听说祖冲之博学多识，就下了一道诏书，将他召到当时的一个学术机关——华林学省，从事研究工作。在华林学省，祖冲之学习了我国历朝历代的科技成就，积累了丰富的知识，为后来的科学研究打下了坚实的基础。

32岁的祖冲之离开华林学省后，到皇族刘子鸾（luán）那里做幕僚。环境虽然有了变化，但祖冲之仍然一如既往地在科学的道路上不倦地攀登。

祖冲之很早就觉得《周髀算经》中的圆周率与实际不符合。在研究《九章算术》时，他学到了魏晋时期的数学家刘徽计算圆周率的科学方法——"割圆术"。但经过仔细计算，他发现刘徽割圆所求得的 π 值还不够精确。为了天文历法上的推算和度量考核的需要，他下决心要修正 π 值。

在刘徽"割圆术"的基础上，祖冲之夜以继日，反复演算，几乎到了着迷的程度，最终求出了 π=3927／1250。这在当时是世界上最精确的 π 值。然而，勇于向科学高峰冲刺的祖冲之仍不满足，为了求得更精确的 π 值，他继续废寝忘食地研究。在他的住所里，到处都画着圆。雪白的墙上，画了一个大大的圆；青砖铺就的地板上也是大圆套小圆；桌上、床上到处是画满了圆的草稿。

春去秋来，花开花落。时间不知过了多久，祖冲之终于算出了圆周率的真值：π＝355／113。这一复杂的运算过程，就是在今天，用纸笔、算盘或计算机计算，也并不是一件容易的事。而祖冲之当时既没有阿拉伯数字可以利用，也没有算盘赖以省时省力，这个浩繁的运算过程，全靠他一根一根地搬动小竹片来完成。竹片摆成的算式，从桌上摆到地下，满屋上下，充斥其间。这些小竹片是祖冲之用大竹子做成的。新的竹子没有来得及打磨，祖冲之就用手捏着摆来摆去。时间一长，指头都被磨破了，那绿白相间的新竹上竟染满了血印。可以想象，这要付出多么辛勤的劳动，需要多么顽强的毅力！

祖冲之算出的圆周率真值的时间，比欧洲数学家奥托足足早了一千多年。因此，现在世界上的数学家把圆周率称为"祖率"，以此来纪念祖冲之在这方面的重大贡献。

皇甫谧忍痛著医书

晋代医学家皇甫谧（mì），出生在一个名门望族。早年的优裕生活，使他沾染了游手好闲的坏毛病。在叔母任氏的教育下，他终于浪子回头，成为一名辛勤劳动、刻苦读书的好青年。

正当皇甫谧战胜自己，使生活越来越有意义的时候，他不幸患了右半身麻木的疾病。每逢阴雨连绵的日子，他的半边身子就像针刺般的疼痛。在烈日炎炎的盛夏，他却感到忽冷忽热；而大雪纷飞的寒冬，他却要经常吃冰雪才能好受。尽管这样，他仍然在床上支撑起半边身子，手不释卷，阅读医书。看到他的身体承受着巨大的痛苦却还如此刻苦、勤奋，儿子皇甫方回很心疼。皇甫谧安慰儿子说：

"左丘明双目失明，发愤写成了《左传》；司马迁受了宫刑，写成了《史记》。我不过半身麻木罢了，怎么能无所作为呢？"

在遍览医书、穷究医理的过程中，皇甫谧发现有关针灸的论述分散于各种书中，体例不一。针对这个问题，他下决心在有生之年，将这些针灸资料删繁就简，改错补漏，汇成一册，以便于后人查阅。他也成功说服儿子和学生一起参与这项艰苦的著书工作。

东汉之后，战乱频繁，许多竹简都散失了，抄本也缺残了。皇甫谧细心地把各书中的针灸资料集中起来，逐条加以对比研究。如果发现了矛盾和疑点，他就用自己的身体做临床试验，根据身体的反应决定取舍。当天气不好的时候，他就会浑身麻痛，难以执笔。这时，他就躺在床上口述，让学生或儿子记录。

辛勤地工作使皇甫谧忘记了疾病的折磨，也使他感到生活的欢乐。经过几年的辛苦探索，他用针灸治愈了自身大部分疾病，并且弄清了人全身的649个穴位。在儿子和学生的帮助下，他写成《黄帝三部针灸甲乙经》，详述了脏腑和经络的治疗理论，明确了穴位的名称和位置。

皇甫谧自学成才，不仅医好了自己，还治愈了许多病人，其高尚的人品和高超的医术，得到了人们的交口称赞。

晋武帝听闻后，两次派专人携带金银绢帛，请他到京城洛阳做官，但皇甫谧都婉言谢绝。后来晋武帝又派人问他有什么要求，皇甫谧说：

"听说皇宫里有很多藏书，如能借给我一些阅读，我就感激不尽了。"

于是，晋武帝送给了他满满一车书。皇甫谧收到书后，喜出望外，更加废寝忘食地读书、著作。他一生除了著有那部著名的《黄帝三部针灸甲乙经》外，还写成了《帝王世纪》《高士传》《烈女传》《玄晏春秋》等著作。

天下州县入精图

在中华民族的光辉历史上，曾出现过一位罕见的全才人物——沈括。他一生宵衣旰（gàn）食，勤学不辍，为祖国和人类做出了卓越的贡献。他留给后人的宝贵财富，除了皇皇巨著《梦溪笔谈》之外，还有《长兴集》《良方》《忘怀录》《易解》《乐论》等著作，内容涉及政治、军事、文学、史学、天文、地理、历法、数学、物理、生物、音乐、美术等方面，被誉为"中国整部科学史中最卓越的人物"。

沈括的一生，无论是为官从政，还是赋闲从事科学研究，都取得了惊人的成绩。

1082年，因永乐战役失利，沈括被宋神宗贬谪（zhé）到随州（今湖北随县）闲居。三年后，他又被宋哲宗改授为秀州团练副使，但不得签书公事。然而这位一生勤恳的志士、心系天下的栋梁，又怎能甘心碌碌无为、老死牖（yǒu）下呢？从被贬谪的那天起，他就暗下决心，要抓紧时间完成《天下州县图》的绘制工作，为国家和民族做出自己的贡献。

绘制《天下州县图》的想法，还是沈括任三司副使时提出的。当时，他看到国家地图上标记的全国州县不全并且不准确，便萌发了绘制《天下州县图》的念头。他利用空闲时间，搜集了大量资料，勾勒了部分草图。然而，在这几年中，由于他公务繁忙，绘图工作时断时续。被贬后，有了这难得的闲暇，他便一门心思地进行绘图工作。

　　在绘图过程中，为了准确地标出各州县的地理方位，沈括首先对中国古代四大发明之一的指南针做了认真的研究。他不分昼夜，废寝忘食，先对指南针的水浮法、支撑法、悬挂法等几种形式做了认真的比较，研究出了"缕悬式"指南针，确定了准确的正南方向。然后，他又博览群书，细究典籍，科学地确定了地图的比例尺和地理方位、直线距离、地势高低、地形状况、道路曲直的绘制方法。最后，他着手从浩繁的地图资料中细细究察，开始了艰苦的绘制工作。

　　沈括夜以继日，勤劳不息，一遍一遍地勾画，一次一次地修正，一处一处地审定。他几乎把整个身心都扑到了地图的绘制上。困了，他就在书房打个盹；饿了，就啃点干粮充充饥。家里人谁也不记得，有多少个夜晚，他伴着微弱的灯光，用昏花的老眼审阅图纸；有多少个黎明，他揉着困倦的双眼来到院子里，活动一下累酸的颈和腰，用冷水擦脸提神后又继续绘制；有多少个节日，他不与家人同乐，埋头于那一堆堆图纸中。

　　六载寒暑，五易其稿。终于在1087年，沈括完成了整套全国地图的绘制工作。他看着这卷由一大捆破破烂烂的草稿变来的、浸透了自己汗水和心血的精确详细的地图，脸上露出了欣慰的笑容。

　　1088年，沈括将绘制好的《天下州县图》献给了朝廷。为了奖励沈括的劳绩，朝廷赏绢100匹，并允许他"任便居住"。沈括回到润州（今江苏镇江）后，在梦溪园中闭门谢客，又开始了辛勤的著述。

朱元璋宵衣旰食

1368年，在消灭陈友谅、张士诚等割据势力后，朱元璋建立明朝，登上了皇帝的宝座。

当时，朝廷中许多人认为朱元璋半生坎坷，幼年放牛、讨饭，青年时期四处流浪，中年时期南征北战，现在登上皇位，肯定会穷奢极欲，充分享受成功的人生。但是，这些人根本不了解朱元璋。

朱元璋建国的过程颇为艰难，所以他更加珍惜这个来之不易的政权。自登基的那天开始，他便把勤政爱民、建设一个民富国强的明朝当作上天赋予自己的责任。据《明实录》《天潢玉牒》等史书记载，朱元璋以极其旺盛的精力治国理政，事必躬亲，在位31年中，几乎没有休息过一天。

朱元璋晚年回忆说："朕自即位以来，常以勤励自勉，未旦即临朝，晡（bū）时而后还宫。夜卧不能安席，披衣而起。或仰观天象，见一星失次，即为忧惕；或度量民事，有当速行者，即次第笔记，待旦发遣。"

1385年，57岁的朱元璋仍然坚持"晨起上朝，日高而退，至午复出，迨暮乃罢"的习惯，而且经常对所处理的事务默坐审思。如有处置不当的事务，即便深夜也不能成眠，直到想出妥善的办法他才就寝。

在工作中，朱元璋以身作则，勤勉治事，很好地诠释了"废寝忘食"这个成语。除了废寝忘食地工作之外，他还养成了两个习惯：一是为了避免造成疏漏，他只要想到一件事，就随手写在纸片上，然后挂在衣服上，有时，衣服上挂满纸片，好像一只长满羽毛的大鸟；二是凡有奏疏上达，他就命令手下人把奏疏中的事情节录下来，然后贴到墙上，最后分主次来处理，这样下来，墙壁上的帖子一天要更换好几次。

朱元璋在从政方面为天下人树立了榜样。除发挥表率作用外，他还多次训诫各级官吏要兢兢业业、居安思危、处治思乱，切莫贪图安逸、苟且职事。他说："自昔有国家者，未有不以勤而兴，以逸而废。勤与逸，理乱盛衰所系也。"他还列举了元世祖和元顺帝一正、一反两个例子来证明："昔元世祖东征西讨，混一华夏，是能勤于政事。至顺帝偷惰荒淫，天厌人离，遂至丧灭。"因此，他要求每一位官吏都要认真思索，予以足够的重视，而万万不能大意。

为了教育天下人都能勤勉从事，朱元璋还亲自写了一篇寓言故事《勤惰说》。文中说："有勤、惰二人同乡居住，年轻时都是平民百姓。勤者家境丰厚，白天带着书本种田，夜间苦读诗书；惰者只是精研文学，其他不做，未暮而寝，日高才起，吃完饭念几行书本即悠悠然，自以为很清高。后来，国君听说二人都是读书人，便把他们召至京城，同时安排官职，要求他们按着朝廷的规矩，每天凌晨而起，日暮而归，坚守岗位，勤勉工作。任职后，勤者容光焕发，惰者则面容憔悴。后来国君任命勤者管理水部。于是勤者亲到现场，筑堤固坝，变害为利，得到了国君赞赏；国君同时任命惰者管理农业，但惰者到了田里，不知如何操作，反成民害，受到了国君的责备处罚……"通过这个寓言故事，朱元璋告诉大家：勤奋的人，虽然精力劳累但终究会获得成功，懒惰的人则不会成功。

朱元璋"勤政之心，振古罕俪"。在他的领导下，明朝初期政治清明，社会经济和文化都得到了快速的恢复和发展，史称"洪武之治"。

老舍默默做"文牛"

在我国现代文坛上，出现了一大批灿若群星的作家，老舍便是其中最勤奋、最有成就的作家之一。

老舍，原名舒庆春，字舍予，自称"文牛"。40多年的创作生涯中，他的确像一头不知疲倦的"牛"，在祖国的文艺园地里辛勤耕耘。

老舍出生在北京的一个贫寒家庭里。1900年，他的父亲在八国联军侵略北京的炮火下丧生，于是他便在贫穷和饥饿

（田继豪 马创业 绘）

中度过了艰苦的童年生活。

1912年，13岁的老舍考入了供给食宿的北京高等师范学校。他苦读勤学，后来被一位教授推荐到伦敦大学东方学院当讲师。

在伦敦教书的时候，老舍看到同室的许地山不分昼夜地写作，便萌发了创作小说的念头。对他来说，写惯了讲稿和论文，写小说并非易事。然而"满肚苦水，一吐为快"的创作冲动，激励着他勤奋苦练，边学边写。

"十成不成则五成，五成不成则一成、半成，灰心则半成皆无，生命断矣。"老舍创作了整整一年，终于写出了第一部长篇小说《老张的哲学》；紧接着，他又写出了《赵子曰》《二马》两部长篇小说。

1930年春，老舍回到祖国后，应聘担任了济南齐鲁大学的教授。在繁忙的教学中，他给自己立下一条规矩：坚持天天写两千个字。每天一有闲暇，他就强迫自己坐在小桌前，不停地写呀写呀……

有一年夏天，济南酷暑难耐，热得人吃不下饭，睡不着觉，但老舍仍坐在小桌前，左手挥扇打蝇，右手挥笔写作。有时候，汗水顺着手臂流到纸上，浸湿了稿纸，他就用毛巾垫在肘下吸汗，继续写作。就这样，在济南生活了七年，他写出了《骆驼祥子》等6部长篇小说，还有《月牙儿》等大量的优秀短篇小说。

1937年，抗日战争爆发。老舍怀着极大的爱国热情，从济南来到武汉，投入到抗日运动的洪流之中。在这期间，他要主持中华全国文艺界抗敌协会的工作，空闲时间很有限，但他始终坚持写作，创作了《四世同堂》《火葬》两部长篇小说，《残雾》等7篇话剧和1部长诗集，1部曲艺作品，两部短篇小说集。

新中国成立之后，老舍先后担任了北京市文联主席、全国文联副主席、作家协会副主席和书记处书记等职务。公务繁忙的他仍然勤奋地创作，写出了《龙须沟》《茶馆》等24部戏剧和大量的小说、散文等作品。

因受到残酷迫害，1966年8月24日，老舍在北京太平湖投湖自杀。

老舍先生虽然逝世了，但他给我们留下了大量的优秀作品。他那甘当"文牛"的高贵品质一直被人们传颂着，并且教育和鼓舞了一代又一代人。

面壁终生补"破壁"

在世界文化遗产敦煌莫高窟，有一位名叫李云鹤的老人。他自1956年从事文物修复工作以来，60多年如一日，在光线昏暗的洞窟中辛勤劳作，面壁补"壁"，用自己的汗水和心血，让4 000多平方米壁画和500多尊塑像"重获新生"，创造了世界文物保护史上的奇迹。

1956年，24岁的李云鹤响应国家号召，从山东老家出发前往新疆参加建设。途中他前去探望在甘肃敦煌文物研究所工作的舅舅，便在当地逗留了几日。在这里，他遇到了当时正四处"招兵买马"的敦煌文物研究所所长常书鸿。经常书鸿的再三邀请，他决定留下来。

一开始，李云鹤从打扫洞窟卫生做起。即便是寒冷的冬天，他也拉着牛车一趟趟来回清理积沙，总是累得满头大汗。在打扫洞窟卫生的过程中，他被眼前的景象深深吸引了。他激动地说："我从来没见过这么大面积色彩绚丽、内容丰富的精美艺术，真的太感动了。"同时，他也看到了洞窟里神像上边那一层厚厚的灰沙，看到了残损的壁画像雪片般脱落……看着眼前的景象，他心疼不已。

3个月后，常书鸿见李云鹤勤快心细、孺子可教，便引导他走上了文物修复这条充满艰辛的道路。

20世纪50年代的敦煌莫高窟，条件十分艰苦。恶劣的气候，对文物造成了严重的危害；经费的拮据，又让文物保护举步维艰。李云鹤和他的同事们，每天沿着危机四伏的"蜈蚣梯"，凭借一些简单的工具对壁画进行力所能及的保护性修复。

经过6年的磨砺，李云鹤迎来了人生中的一项艰巨的任务——修复莫高窟161窟。开凿于晚唐时期的161窟，此时墙皮已严重起甲，珍贵的文物危在旦夕。接到任务的李云鹤，一头钻进洞窟，不分昼夜，废寝忘食，把全部身心扑到了文物的修复工作中去。在没有仪器可以利用、没有经验可以借鉴的情况下，李云鹤和他的同事们，经过一轮轮的试验、一轮轮的分析、一轮轮的比对，终于在700多天后，使这座濒临毁灭的唐代洞窟起死回生。

在这之后的20多年里，无论春夏秋冬，李云鹤总是身背他精心打造的十八般"兵器"，不辞辛劳地穿行于莫高窟的各个洞窟，也行走在全国需要之处。哪里有"生病"的壁画和塑像，他就会出现在哪里。从甘肃张掖的金塔寺、马蹄寺，到天水的纪信祠；从平凉泾（jīng）川的王母宫，到甘谷大象山；从浙江杭州凤凰寺，到河北曲阳北岳庙；从山东岱庙，再到北京故宫……祖国需要他的地方，他都留下了深深的足迹，洒下了勤劳的汗水。同时，他还随时将文物修复过程中的心得体会、经验教训记录下来，为后人提供了宝贵的借鉴。

1992年，已经到了法定退休年龄的李云鹤，每每想起敦煌的壁画，总感到寝食难安。因此，他愉快地服从组织安排——延迟退休。1998年，"超期服役六年"的李云鹤办理退休手续后，敦煌研究院认为文物修复工作还是离不开他，又对他提出返聘。此时，在昏暗的洞窟中面壁了一辈子的李云鹤，本可以用种种理由婉言谢绝，但是，他坚定地接受了研究院的安排，以66岁的高龄继续留在了文物修复岗位。

岁月不饶人，修复文物过程中长期蹲、跪、俯身的姿势，使李云鹤的双腿肿胀，甚至出现静脉曲张。有时早上起来，他感到腿脚出现难忍的酸痛。同事们都劝他：您岁数大了，不用到现场来，动动嘴就行了。但老人家还是不放心，重大技术问题都是他到现场最终拍板定夺。

李云鹤在文物修复中做出的辉煌业绩，受到了党和政府的多次褒奖。2018年，他荣膺"大国工匠"的光荣称号。

李云鹤勤勤恳恳，面壁一生补"破壁"的崇高精神，感动了他的同事、同行，也感动了他的后代。他的儿子、孙子、孙女都加入了文物修复行列，决定像李云鹤一样，把自己的毕生精力献给洞窟、献给国家的瑰宝。

叶丽盖勤劳致富

勤劳是中华民族的优良传统，是代代相传的民族基因。在新疆昌吉州木垒县，有位普普通通的哈萨克族妇女，名叫叶丽盖。她通过辛勤的劳动，先是带领全家实现了脱贫致富，然后带领乡亲们走上了共同富裕之路。

叶丽盖出生在哈萨克族的一个游牧家庭，祖祖辈辈骑马放牧，逐水草而居，过着飘忽不定的游牧生活。1991年，叶丽盖一家告别了游牧生活，举家搬迁到木垒县大南沟乌孜别克族乡，开始了定居生活。

当时，因天山北麓（lù）的气候、地理环境等多种因素的影响，大南沟乌孜别克族乡还处在贫穷状态，每个家庭的年均收入还不到5 000元。那一年，叶丽盖的第六个孩子刚刚出生。而身为小学教师的丈夫，每月仅有几百块钱的工资，根本无法维持这个八口之家的基本生活费用。全家过着捉襟见肘的日子。

1998年，县、乡政府号召村民要加快致富奔小康的步伐，倡导村民通过承包土地来增加收入。刚听到这个消息时，许多村民跃跃欲试，当承包土地要落实到户的时候，很多村民却犹豫了。有的人怕吃苦，有的人怕收成不好，真正去承包土地的人没有几个。

为了让全家摆脱贫穷，过上更好的生活，叶丽盖和丈夫认真商议之后，毅然决定承包60亩土地。八口之家，承包60亩土地，每年的播种、施肥、除草、灭虫……劳动量之大可想而知。丈夫在学校任教，工作也比较繁忙，平时没有多少时间到田里劳作。面临着这十分现实的困难，好强的叶丽盖没有丝毫退却。她坚定地说："地靠人种，事在人为，只要不怕吃苦，没有过不去的火焰山。"丈夫没时间下地，她便带着几个年龄较大、能干活的孩子一起下地劳作。祖祖辈辈骑马放牧的民族，硬是学会了农耕。

春种夏管，秋收冬藏。叶丽盖和孩子们经常是两眼一睁，忙到熄灯。尤其是灌溉农田的时候，白天井里的水源不足，只有等到晚上井里水量充足了才可以用来灌溉田地。面对这种情况，叶丽盖便带着孩子们半夜起来，用驴车拉水浇地，一直要忙到第二天中午。孩子们稚嫩的手和脚都磨破了皮，流出了血。叶丽盖看在眼里，疼在心里。但是，她和孩子们都没有后退半步，咬着牙战胜了种种困难。

在如此艰苦的条件下，很多村民吃不了苦，又跑回山上，重新过起了放牧生活。叶丽盖一遍遍告诉自己，不要放弃，不能放弃！只有辛勤劳动，才能改变生活。

功夫不负有心人。在叶丽盖和全家人的共同努力下，第一年，她所承包的60亩地收成不错，家庭年均收入从6 000元增长到17 000多元，收入增加了近两倍，成为了大南沟乌孜别克族乡第一个富起来的家庭。很多村民向叶丽盖投来了羡慕和尊敬的目光。

叶丽盖全家依靠辛勤劳动走上了富裕的道路，但是她并不满足于此。她说："我一家富裕不算什么，我要帮助更多的人一起致富，让乡亲们都过上好日子。"

1999年，木垒县政府派技术人员入驻到全县各个村子，向村民们传授水袋孵化小鸡的技术。好学的叶丽盖成了当时技术培训中心最认真、最刻苦的人。只有初中文化程度的她，每天拿着本子，认真记录技术员讲解的关于水袋孵化小鸡的每一个步骤、每一个细节、每一个要点和每一个需要注意的事项，然后，在脑海中一遍遍地回忆和思考，终于把水袋孵化小鸡的技术了然于胸。

一个月后，叶丽盖按照技术流程成功孵化出了健康的小鸡。为了帮助乡里其他人，她把自己学到的知识和总结出来的孵化经验，挨家挨户去给村民讲解。碰到实在不懂的村民，她就手把手地教。在她的带领下，几乎家家户户都搞起了家禽养殖，村民们的收入增加了，叶丽盖的脸上也有了笑容。她说："我能吃苦，爱钻研，只有我学会了，有能力了，才能帮助更多人一起致富。"

20多年过去了，孩子们长大了，叶丽盖也老了。如今，年过花甲的叶丽盖由于常年劳作，患上了严重的关节炎。即使这样，她仍然时刻不停歇地忙里忙外，把家里打理得井井有条、干净整洁。在房屋前一亩多的菜园里，每天都可以看到她辛勤忙碌的身影。她说："我经常告诉我的儿女们，是勤劳让我们有了今天的幸福生活。勤劳是走出贫困、改善生活、改变命运的唯一途径。"

叶丽盖吃苦耐劳的优秀品质和带领乡亲们勤劳致富的先进事迹，受到了人们的称赞，也受到了党和政府的褒奖。2000年4月，叶丽盖被昌吉州人民政府授予"劳动模范"荣誉称号；2000年10月，她获得"全国劳动模范"荣誉称号。

节俭

陶侃不弃废物

东晋名将陶侃（kǎn），一生屡建奇功。他曾担任过县令、郡守、大将军，最后官拜柴桑侯，享有四千户俸禄。但是，无论地位怎样升迁，他都始终不忘"节俭"二字。

有一年，陶侃接受了负责造船的任务。在巡视造船工程的时候，他发现工地上有一些竹头、木屑，却无人收拾。于是，他派专人收集这些废料，并登记入库。当时，手下人十分不解，纷纷议论陶侃。他们认为这样一个大将军，却总为这些小事操心，势必难担大任。陶侃听到这些议论后，既不批评，也不制止，只是告诉身边的人说："你们看着吧，这

（俞杰星　绘）

些废料迟早会派上大用场的。"

过了不久，皇帝决定提前讨伐盘踞在蜀地的叛贼，因此需要加快造船的速度。这时，负责原料供应的官员很快筹集完备木料，但唯独缺少竹钉，一时间急得如同热锅上的蚂蚁。陶侃听说之后，马上带领这位官员一起来到库房，指着那一包包竹头说："这不是现成的竹钉吗？"

那个官员一看库房中有这么多做竹钉的原料，不禁喜出望外，连忙派人取出竹头，削制竹钉，最终如期完成了造船任务。那些曾讥笑过陶侃小气的人，这才明白陶将军收藏废弃之物并不是因为守财、小气，而是料事缜密，躬行节俭。

一年冬天，天空飘起了雪花，军营的道路一时间变得泥泞难走，军人进出十分不便。陶侃看到后，命令手下到库房取出存放已久的木屑，铺洒在又湿又滑的路面上。顿时，军人们在路上行走方便了许多。

这些故事传到了朝廷中，朝中不少官员都为陶侃大将军不弃废物、节俭为公的作风所折服，交口称赞他是一位勤俭治国的好官。

吴隐之卖狗嫁女

东晋时期，有一位著名的清官，名叫吴隐之。他平日里节俭自守，留下了许多感人的佳话。

有一年，吴隐之的女儿即将出嫁。消息传出之后，好友谢石将军心想："吴隐之一向严于律己，生活十分简朴，平日里只用青菜或干鱼下饭，最讨厌的就是摆阔气、讲排场。这次女儿出嫁，毕竟是孩子的终身大事，万万不能因他节俭自守而冷待了客人，冲散了大喜的气氛。"因此，谢石吩咐管家准备一桌丰盛的酒筵送到吴隐之门上，让他用此招待客人。谢石又怕他不收，就一再叮嘱管家，就说这是老朋友谢石的心意，不得拒绝。

到了喜日这天，管家带着酒菜，一大早就来到吴隐之的家门口。只见大门紧闭，和平时没有什么两样，看不出一点喜庆的气氛。管家从门缝往里看，院子里也是悄无声息、冷冷清清的。

正当管家疑惑不解的时候，只听大门"吱呀"一声开了，吴隐之的仆人牵着一只黄狗从里面走了出来。管家赶快向前问道：

"听说您家小姐今日出嫁，那为何不张灯结彩、贴上喜字呢？"吴隐之的仆人见是谢石将军的管家，也不避讳，皱

（俞杰星　绘）

皱眉头说：

"别提了！我家老爷也太过分了！平日里节俭倒也罢了，今日小姐出嫁，老爷昨晚才吩咐我们准备。大家认为他要破费一次了，谁知他叫我今天一早牵这只黄狗去卖，换回钱来置办东西。卖掉这只狗，又能换回多少钱？能置办什么东西？老百姓嫁女儿也不至如此呀！"

说着，仆人牵着黄狗絮絮叨叨地走了。

管家听到这一番话，望着仆人牵狗远去的背影，心中不由得暗暗称赞："人人都说吴隐之是天下少有的清官，看来真是名不虚传呀！"

尚俭宰相范质

范质是宋太祖赵匡胤时期的宰相。有一次，他生病了，赵匡胤前来探望他。皇帝亲临，臣子理当盛情款待，可范质家里没有钱招待皇帝。赵匡胤对范质的"招待"很不满意，他不相信范质会这么穷！

后来，赵匡胤再去时，他发现范质睡得是板床，盖的被子有好多补丁。"范质家怎么会这么穷呢？他每月的俸禄都用哪儿去了？还是他生活就是这么节俭？"皇帝心中充满了疑问。

赵匡胤不清楚范质是不是真俭朴，决定试探一下，就派人给范质送去雕花床和丝绒被。

不久，皇帝又一次来到范质家中。当看到范质仍旧睡硬

（俞杰星　绘）

板床，盖旧棉被时，他不解地问："范爱卿，我送你的东西怎么不用？为什么和自己过不去呢？"

范质回答："陛下给我那么多俸禄，我怎么会买不起好的家具呢？只是我好念旧，用习惯的东西就舍不得扔。再说，陛下提倡节俭，做臣子的应当遵从。我身为宰相，更要为百官做出榜样，怎么能贪图享受奢华而忘记俭朴呢？"

这时，随从告诉皇帝：范质的俸禄大多送给那些无家可归的孤儿了。

皇帝默默地点了点头，感叹地说："范质可称得上是'真宰相'啊！"

李沆甘居陋宅

宋太宗时期，官拜中书侍郎的李沆（hàng），克勤于邦，克俭于家，德操甚高，受到世人的敬仰。

有一年，李沆为了安置家眷，准备在河南封丘县建造一处住宅。中书侍郎造屋的消息一经传出，马上引起了封丘全城各界人士的极大关注。人们议论纷纷，都认为李沆会盖一座豪华气派的府第。

几个月后，李沆的新屋落成了。封丘大街上熙（xī）熙攘（rǎng）攘，热闹非凡。不少官员、乡绅抬着礼品前来祝贺李沆的乔迁。更多的是来看热闹的人，他们从四面八方赶来，为的是一睹李沆新居的豪华风采。但当人们远远望见新房低矮的门楼时，不少人产生了几分疑惑，有的人甚至失望地说：

"这么大的官，竟然盖这么矮的门楼？"

这时，一位老于世故的小官走上前来，装作神秘地对大家低声说：

"这事你们就不懂了。俗话说，财不露白。李沆大人把房子造得高大豪华，而大门造得矮小简陋，这正是他的高明之处。"

他的这番话，引起了大家的兴致。他们一个个伸长脖子，专等大门一开，以便到里面看个水落石出。

李沆见众人前来祝贺新房落成，当然不好拒绝，就敞开大门，带着大家来到新居之中。人们来到前院，只见庭院内的房舍普普通通，和周围的民居没有什么不同；他们又拥到后院，后院同样也没有什么高大的房屋和华美的装饰。参观的人们不免有几分迷惘（wǎng）和失望。

这时，当地一位很有名望的乡绅，忍不住站出来对李沆说：

"李大人，您身为中书侍郎，是朝廷的达官显贵，建造一座华丽的住宅不算过分；但您把新居造得这样狭小，堂前仅容得一匹马转身，也未免同您的身份太不相符了吧？"

这时，李沆望了望众人，笑着说：

"从各位的表情上，我看得出大家很不解。房子虽然简陋，但是可以安居。我这个人没有什么成就，由于皇上的抬爱，才做了中书侍郎。在这房子里与大臣商讨国事是显得狭小了些，但是我在这里的时间毕竟是有限的，真正在这里长期居住的是我的子孙后代。这样的房子，对于他们的生活起居，应该说还是够宽敞的了！"

老乡绅见李沆这样说，还想上前再说几句。李沆忙摆手示意说：

"我为官多年，要想建造一座舒适的房舍，钱还是够的。但我想到，假如后代不通过自己的劳动就能住在豪华舒适的房子里，必然会丧失斗志，养成奢侈（chǐ）浪费的坏习惯，这样非常不妥。同样的道理，如果朝廷的命官一味绞尽脑汁地在生活上为自己考虑，那么豪华的住宅盖得越多，能够为国家和老百姓着想的事也就越少。这样下去，我们为官者，还有什么脸面面对皇上和父老乡亲呢？"

李沆的一席话让大家交口称赞，同时，也有不少人的脸上露出了羞愧之色。

千金当厨的风波

北宋时期，朝中有位谏议大夫，叫陈省华。他虽然官至高位，但始终不忘勤俭持家。

陈省华在家中立了一条不成文的规矩：凡是陈家的人，不管是婆婆还是媳妇，一律要下厨做饭，不得坐享其成。

这年，陈省华的大儿子陈尧叟中了状元，娶了当朝尚书马亮的千金小姐为妻。这位千金小姐是马尚书的掌上明珠，在家中过着衣来伸手、饭来张口的优裕生活。她心想："陈家人世代为官，家中一定也是锦衣玉食，呼婢（bì）使佣。"但当她过门之后才发现陈家不仅是粗茶淡饭，而且不能使唤

（俞杰星　绘）

仆人，自己还得侍候公婆，心中不禁生出莫名的不快。

新婚第二天，这位千金小姐按照家规，和婆婆一起到厨房做饭。她以前从未下过厨房，自然是什么也不会做，不是碰翻了水，就是弄撒了米。一顿饭做下来，她的心中徒生无名之火，但又碍着公婆的脸面，不好发作。

回门之后，这位千金满脸委屈，怨气如山洪喷泻。她扑到母亲怀中，哭诉了在陈家受的"虐待"，要求父母到陈家讲理去。尚书夫人听到自己的掌上明珠在陈家要亲自下厨做饭后，不禁勃然大怒，气得在屋中大叫道：

"这也太不像话了，堂堂的尚书千金小姐嫁到他陈家，还要下厨做饭，真是岂有此理！"说着，尚书夫人就要准备前往陈家，找陈省华理论。马尚书听说之后，也很不高兴，但他压住了心中的怒火，阻拦住自己的夫人，决意要在见到陈省华时问个明白。

没过几天，马尚书在上朝的路上正好碰到陈省华，便立即问起女儿在陈家当厨的事情。陈省华笑着对亲家说：

"做饭这件事，可以慢慢学，时间长了就会习惯的。其实，她还没有真正当厨做饭，不过是帮助我的拙妻打打下手。如果连做饭这点事都觉得委屈，那每天还要婆婆做给她吃不成？"

尚书一听陈省华的妻子也亲自下厨做饭，心中十分感动。于是，尚书沉思了片刻后，对陈省华说：

"亲家，原来只听说您治家不仅节俭而且严格，但我万万没有想到您的夫人还要亲自下厨。既然如此，我那娇生惯养的小女，就要靠亲家多多教导了。"

从那以后，尚书的千金回到陈家，再也不以下厨做饭为羞事。她在婆婆的帮教下，渐渐学会了做饭，也逐步适应了陈家节俭的生活。

后来，这件事传到了朝内，不少同僚对陈省华让妻子和儿媳亲自下厨的事大惑不解。一天，一个同僚问他："让妻子和儿媳亲自下厨，有这个必要吗？"

陈省华听后严肃地说：

"让妻子和儿媳下厨做饭，事情虽然不大，但可以培养家人节俭的习惯。我们做官的人，只有日思节俭，才能真正考虑到百姓的辛苦，为百姓做点好事啊！"

张俭破袍倡俭

北宋时期，我国北部的少数民族契丹族在现河北和内蒙古一带建立了辽国。当时辽国朝内奢侈风行，许多官员以华衣美食为荣。张俭出任宰相后，决心率先垂范，在辽国朝内倡导节俭的新风。

这年冬天，地处北部的辽国，千里冰封，万里雪飘，气候十分寒冷。人们为了抵御寒冷，都早早地穿上了皮袍。在朝的官员们为了显示自己的地位，都十分注意皮袍的质量和款式。人们往往从身上的皮袍判断一个人的身份地位。当时，不要说在朝的王公大臣，就是小官吏，每人也至少有三件像样的皮袍。

可与这种风气相反，当时担任宰相的张俭却仅有一件皮袍，并且这袍子式样陈旧，早已褪色破烂。每天，张俭入衙理事、进朝面君，都是穿着这件旧皮袍。

身居高位的宰相穿着这样破旧的皮袍，自然引起了朝中大臣们的注意。有些官员见宰相如此节俭，自感惭愧，稍稍收敛了自己的奢侈之举；也有些官员，不仅不思节俭，反而对张俭的破皮袍横加议论。

辽圣宗听闻张俭只有一件破皮袍，心中大惑不解，便自言自语地说："张俭的俸银并不算少，为何只有一件破皮袍，莫非其中有诈？"因此他暗中嘱咐一个太监，探测一下张俭是否真的仅此一件破皮袍。

一天，辽圣宗邀请张俭到宫中叙谈。在张俭全神贯注地听圣宗讲话的时候，太监用香火在张俭皮袍的后背上偷偷地烧了一个小洞，作为记号。

第二年冬天，辽圣宗与大臣们在朝中议事，看到各位大臣华丽的皮袍，便不禁想起去年的旧事。他不动声色地走到张俭背后，看到张俭果然仍穿着那件被香火烧出一个小洞的破皮袍。圣宗大为感动，忙问张俭：

"你官阶最高，俸禄甚厚，为何仅此一件皮袍呢？"

张俭早就知道官员中有人议论自己的破皮袍。现圣宗又这么一问，他连忙说道：

"如今大家都以奢华为荣，我身为宰相，率先倡导崇尚节俭，尚且不能改变奢华之风，实在遗憾。如今圣上既然挑明此事，不知各位是否有所触动，并愿意改掉奢侈的陋习呢？"

在朝的各位官员一听张俭身穿破皮袍竟是如此良苦用心，都感到十分羞愧。与宰相的风范相比，那些在背后对张俭的破皮袍横加议论的官员，更是无地自容。

自此，辽国朝内奢华之风渐去。

范仲淹教子戒奢

　　"先天下之忧而忧，后天下之乐而乐"是范仲淹在《岳阳楼记》中写下的千古名句，也是他一生的真实写照。

　　范仲淹出生在苏州的一个贫苦家庭。早年清贫的生活，使他养成了节俭朴素的良好习惯。后来入朝做官，他所得的俸禄，全部用来接济穷人，而自己的子侄不得不轮流换穿好一点的衣服出门做客。

　　这年秋天，范仲淹的儿子范纯仁将要举行结婚大礼。范纯仁深知家规和父亲的风节，对操办隆重、奢华的婚礼，自然不敢妄想。范纯仁考虑到：

　　"成家立业乃人生大事，总得购置些衣服、家什。若只买些简单的用品，自然会得到父亲的赞许，但妻子和岳父那边不好交待；若买些稍好点的，妻子、岳父那里自然高兴，但父亲肯定不同意……"

　　想来想去，范纯仁最后决定只买一两件稍贵重的物品，父亲和妻子这两边都能接受。于是，范纯仁将要购买的物品列出清单，壮着胆交给了父亲。

　　谁料范仲淹接过清单一看，立刻板起了面孔，大声说："你要购买的那两件贵重之物，到底是什么打算？难道我范家的门风，要在你手中坏掉不成？婚姻自然是人生的大事，但是它与节俭有什么矛盾？又怎么可以借人生大事而去奢侈浪费呢？"

父亲的一番话让范纯仁满面羞愧。他低下头，鼓起勇气向父亲喃喃地说道：

"范家节俭的家风，孩儿自幼熟知。购买奢华贵重的用品，儿子知错。可是有件事在孩儿心中苦恼多时，今日如实禀告父亲大人。这些天来，新人想以罗绮（qǐ）作幔帐，孩儿知道这不合范家家风，不敢答应，可她父母又出面提出，孩儿碍于他们的情面，没敢再坚持不买。"

范仲淹一听，大发雷霆，指着范纯仁说道：

"你知错认错，我就不再追究。但是，范家几十年来，节俭自守，以奢侈为耻。用罗绮做幔帐，岂不坏了我范家的家风！情面事小，家风事大。你可以告诉他们，如果坚持以罗绮为幔，那我就敢把它拿到院子里烧掉！"

由于范仲淹的坚持，范纯仁的结婚大礼办得十分简朴，既没购买贵重奢华的物品，也没有举办隆重奢侈的婚礼。范仲淹勤俭持家的优良作风，也使人们从中受到了很大教育。

苏轼做客

苏轼是宋代著名的文学家，不仅文章写得好，而且生活节俭，始终身体力行。他给自己定了个规矩：每餐只吃一饭一菜；如果来了客人，可加一个菜；去别人家做客，最多四个菜。要是有人邀请吃饭，他就事先告诉主人自己的规矩：主人答应，他就去；不答应，他就不去。

有一次，一位多年不见的老朋友请他去叙旧。去之前，

（俞杰星　绘）

他告诉朋友自己的规矩。得到了朋友的保证后，他才应邀前往。到了朋友家中，只见满桌的山珍海味，十分排场。苏轼很不高兴，埋怨说："我们有约在先，怎么还这么铺张？"

朋友笑着解释："咱们老朋友多年不见，按我的意思，应该比这更丰盛。现在已经按你说的减去一半了，你就不要推辞了。"说完，就要强行拉苏轼入席。

苏轼坚持不入席，郑重地说："你还是不了解我呀。我不只是口头说说，而是从心里不喜欢铺张。如果你真要留我，那就请撤掉多余的饭菜；否则，恕我不敬，只能告辞！"

朋友见苏轼如此坚决，便无奈地命仆人撤去多余的饭菜，只留下四菜一酒。二人一边饮酒，一边聊着琴棋书画，一直聊到星星在小院的上空闪烁。

惜时

黄霸狱中学《尚书》

西汉时期，淮阳阳夏（今河南太康）出了一位丞相，名叫黄霸。黄霸一生勤奋治事，为政外宽内明，留下了不少佳话。这里记述的是他惜时如金，不计生死，在大牢中勤奋学习的故事。

公元前74年，汉宣帝刘询登上了皇帝的宝座。即位初始，汉宣帝就想颁发一个诏书来颂扬其祖父——汉武帝刘彻的功劳。想法提出后，朝中大臣无不随声附和。只有著名学者夏侯胜认为汉武帝穷兵黩（dú）武，不恤民力，不宜大力宣传颂扬。汉宣帝得知后，勃然大怒，以"诽谤先帝"的罪名，将夏侯胜关押进大牢。黄霸十分赞同夏侯胜的看法，随即也被关进牢中。

入狱之后，狱吏对这两位钦犯自然十分"关照"。面对潮湿的牢房、非人的折磨，夏侯胜早已万念俱灰。他不时地长吁（xū）短叹，既为自己的不平愤慨，也为自己的前景担忧。黄霸入狱后，刚开始心情也很不平静，然而几天之后，他勤奋的秉性又显现出来。他觉得与其在狱中等死，不如利用提审的时间，长点学问，即使被砍掉了脑袋，这狱中的光阴也不算虚度。

这天上午，一缕阳光从狱窗投射到阴暗的牢房内，在墙壁上缓缓移动。黄霸看到这缕阳光，一种悲凉的感觉油然而生。他情不自禁地抬起头来，看了看倚在墙壁上叹息的夏侯胜，然后拖着受刑的双腿，慢慢地向夏侯胜爬去。爬到他面前后，黄霸恭敬地说：

"夏先生，您自幼学习《尚书》，是当今尚书学的开山鼻祖。我平时公务繁忙，想向您请教但没有闲暇。现在请允许我拜您为师，利用这狱中光阴，向您学习《尚书》。"

夏侯胜一听，不禁长叹一声："唉……我俩犯的是不可饶恕的死罪，活不了几天啦，还学什么《尚书》！"

黄霸看了夏侯胜一眼，坚定地说："人生短暂，时光本来就不多，怎能让它白白地流逝呢？"这时，黄霸又指了指墙边移动的阳光，大声地说："您看，古人说光阴似箭，此言不虚啊！"

夏侯胜抬头看了看那一缕阳光，摇摇头说："光阴似箭，但我们又有什么办法呢？"

"怎么没有办法？"黄霸恳求道，"古人说，早上听到有益的道理，即使晚上死了，也没有什么惋惜。这就是让我们抓紧一切时间学习。先生，您就收下我这个学生吧！"

夏侯胜见黄霸如此珍惜光阴、勤奋好学，心中十分感动，便答应教黄霸学《尚书》。没有书本，他凭着自己的记忆，认真详细地给黄霸讲解那古奥难懂的古代君王的誓言、命令、训诫、诰（gào）封等文献。黄霸听到一代宗师的讲解，大有从学恨晚之感。他珍惜在牢房中的时光，认真地向夏侯胜请教。

一晃三年过去了，狱中的时光成了黄霸学习《尚书》的难得机会。黄霸的学业大有长进。当他被赦免出狱时，已成为一个对《尚书》研究有很高造诣的人。

祖逖闻鸡起舞

晋代是中国历史上的多事之秋。然而，在这个动乱时代，也造就了众多的英雄人物。名将祖逖（tì）就是其中的一位。

祖逖出生在范阳郡遒（qiú）县（今河北涞水）的一个官宦家庭。青年时代，他亲身经历了晋朝宗室因争夺权位而互相残杀的"八王之乱"，目睹了匈奴和羯（jié）族进犯中原导致国家生灵涂炭的现实，便在心中立下保家卫国、拯救危局的宏伟抱负。

289年，祖逖24岁。他和好朋友刘琨一起在司州做主管文

（俞杰星　绘）

书簿籍的小官。刘琨也是一个爱国的热血青年。当他目睹国家的危难、人民的痛苦时，同样也是忧心如焚（fén）。二人意气相投，每天晚上都在一起议论国事，并相互勉励，想要抓紧一切时间，苦练本领，拯救危难中的祖国。

一个寒冷的夜晚，刺骨的北风呼啸而来，扑打着破旧的窗户。祖逖忧虑着国家的动荡局势，辗转反侧，夜不能寐。他抬头向窗外望去，只见皓月当空，大地一片寂静。突然一阵"喔喔喔"的鸡啼划破了宁静的夜空。祖逖猛地披衣起身，推了推正在沉睡的刘琨，大声喊道：

"刘琨，刘琨，你听，鸡都叫了，咱们抓紧时间去舞剑吧！"

刘琨翻了个身，揉了揉模糊的眼睛，埋怨道：

"该死的公鸡，怎么半夜就叫起来了？"

在当时，半夜鸡叫被认为是不吉利的事。祖逖不以为然地说：

"别信那个。半夜鸡叫没有什么不好，它是在提醒我们该起床了，别耽误了宝贵的时间，快起来去舞剑吧！"

他们一边说着，一边穿好衣服，拿起宝剑，来到屋外空旷的草地上，迎着刺骨的寒风，在如水的月光下奋力起舞。直到旭日东升，大地苏醒，两人才擦擦满脸的汗水，会心地笑着回去了。

从此，不论严寒酷暑还是风雪雨霜，两人一听鸡鸣，立即翻身下床，勤奋练剑，期待着有朝一日驰骋疆场，为祖国建一番功业。果然，功夫不负有心人。两人都练就了一身非凡的武艺。

后来，祖逖担任了晋朝将军，在祖国危难之际，奋然出师，中流击楫，渡江北伐，收复中原，建立了赫赫战功。刘琨也担任了大将军，都督并州、冀州、幽州诸军事；中原沦陷之后，他长期坚守并州，招抚流亡，有力地打击了前来进犯的敌人。

司马光惜时如金

　　司马光是北宋时期著名的政治家和历史学家，他以坚韧不拔的毅力和渊博的知识，编写了历史巨著《资治通鉴》。他之所以能取得这么大的成就，同他勤奋用功、惜时如金的习惯密切相关。

　　司马光自幼聪明过人。在7岁时，听老师讲一遍《春秋左氏传》，他就能把书中的故事复述得有声有色。他从来不恃才自傲，反而利用一切闲暇时间苦读诗书。为了训练自己的注意力，他常常趁同学玩耍的时候，默读强记，直至背诵得滚瓜烂熟、一字不差，才肯罢休。在骑马赶路的空隙和夜晚不能入睡的时候，他常常边背诵诗文边思考问题。久而久之，他不仅能背诵所学内容，而且记忆力也越来越强，少年时所学的东西，竟能经久不忘。这些都为他写《资治通鉴》打下了坚实的基础。

　　成年之后，司马光走上了入朝做官的道路。宋英宗在位期间，当时担任龙图阁直学士的司马光，奉命承担编写《通志》的任务。后来，宋神宗赐名《通志》为《资治通鉴》。

　　承担此编写任务后，司马光更是夜以继日地博览群书，撰写史稿。司马光在当时史坛上已经有了较高的名声，来拜访他的人日益增多。可是他发现迎来送往的应酬浪费了他许多珍贵的时间，于是，便在门口贴了一张启事"编纂（zuǎn）史志，凡来访者恕不接待！"以便集中精力，抓紧时间完成《资治通鉴》的编写任务。在编写的过程中，他专心致志，经常忘记了饥渴寒暑，每天工作至深夜，却还感到时间不够。

在司马光居住的洛阳城内，有个官僚叫王昌徽。他贪图享乐，在洛阳大兴土木，建造亭台楼阁。在建好七间中堂后，他又命人盖了一座百尺高楼。司马光却住在小巷陋室，只能避避风雨。为了能安静地读书撰稿，司马光挖了一个大地下室，经常是公务忙完后，往地下室一钻，便读起书来，以至当时民间流传说："王家钻天，司马入地。"

正是由于司马光惜时如金，呕心沥血，仅用了十几年时间，卷帙（zhì）浩繁的《资治通鉴》便得以问世，并成为中国历史文化宝库中的一部辉煌巨著。

李清照夫妇的"茶令"

宋朝年间，有一对感情甚笃的文人夫妇：丈夫赵明诚，是当时著名的金石学家；妻子李清照，是文坛上著名的词人。夫妇二人虽没有白头偕老，但留下了许多脍炙人口的佳话。

夫妇二人都酷爱读书。一天，赵明诚得到了一本难得的拓本——《楚钟铭》，如获至宝，再三阅读，意感未尽，便兴致勃勃地提出同李清照来一次"赌茶"。

所谓"赌茶"，实际上是利用喝茶的时间进行竞赛。竞赛的方法是：一个人出句典故，一个人回答出处。回答时，要清楚地说出这个典故出自何书何卷何页，答不出或答不准确者输。输者便不能饮茶，只能闻闻茶香。

赵明诚首先出题："楚人失弓，楚人得之，又何求之？"

李清照一听，胸有成竹地笑了起来："你看了《楚钟铭》，就出这个题来考我？"

说着，她顺手从书架上抽出《孔子家语》第二卷，一翻便翻到了这句话的出处。

轮到李清照出题了，她顺口说了一句：

"设使国家无有孤，不知当几人称帝，几人称王？"

"这个典故很熟，怎么到嘴边却记不起来了！"

赵明诚吟诵了几遍，绞尽脑汁却答不出。

"曹公尚在，未可也。"李清照提醒他。

"哦！曹操的文章。"赵明诚想起了出处，却记不得卷册页码，只好低头认罚。

从那之后，夫妇二人便展开了较量。每每吃过晚饭，夫妻俩便来到归来堂中雅致的书房内，用这种"茶令"互相提问，互相切磋。这不仅充分利用了晚饭后这段空余的时间，还增添了生活的乐趣。更重要的是，这种独特的"茶令"，督促夫妻二人各自发奋秉烛夜读，使二人学问大进。

果然，几年后，赵明诚写出了《金石录》；李清照则在一生中，写出了许许多多清新、秀丽、哀婉的词篇。其中

"帘卷西风，人比黄花瘦""寻寻觅觅，冷冷清清，凄凄惨惨戚戚"等被视为绝妙佳句。

一寸光阴不可轻

南宋时期的伟大思想家、教育家朱熹，一生勤奋治学、著述等身。他之所以能取得这样大的成就，与他珍惜光阴、不舍分秒是分不开的。

幼年的朱熹，聪颖过人，但他并没有自恃（shì）聪明而荒怠学业，而是珍惜时间，发愤苦读。在读书时，为了能高效地博览群书，扩大自己的知识范围，他总结概括了六种读书方法。在这六种读书方法中，除了强调读书要循序渐进、熟读精思、专心致志外，他特别强调读书要"着紧用力"，不能因为时间宽裕而悠然自得地放松自己，要像去救火治病那样，有紧迫感；像水上撑船那样，一篙不缓地努力往前。因此，在青少年时期，他就大量涉猎了哲学、史学、法学、文学、乐律、辩伪、自然科学等方面的书籍，为以后的讲学和著述奠定了坚实的基础。

19岁那年，朱熹以优异的成绩考中进士。22岁那年，朱熹被任命为泉州同安县主簿。不久，朱熹卸任后，潜心著书立说和讲学。在几十年治学的过程中，朱熹更是珍惜光阴，孜孜不倦地教育学生，兢兢业业地著述。

据《朱子行状》记载，朱熹常常因白天时间不够而利用晚上的时间"与诸生讲论，随问而答，而不知疲倦"。有时同学生讲论经典、商讨古今利弊，直到夜半更深；有时尽管身染疾病，但一讲起学问，则精神焕发，不见一丝病态。几十年中，他不仅在白鹿书院、岳麓书院等处培育了大批的学生，而且利用闲暇之余，编写了《小学》《童蒙须知》《朱子家训》等教材，撰写了《论语集注》《孟子集注》《四书集注》《西铭解》《太极图说解》等大量学术著作。

到了晚年，朱熹看到自己满头白发，想到许多事情还没有来得及完成，便深切体会到"光阴似箭，岁月如流"。有一天，他站在门口，望着梧桐树的黄叶在秋风中簌（sù）簌落下，更感到人生短暂，便慨然写下一首小诗：

少年易老学难成，一寸光阴不可轻。

未觉池塘春草梦，阶前梧叶已秋声。

朱熹用切身体会告诫后人：人生易老，学问难成，要珍惜自己美好的年华，勤奋学习，切莫让可贵的时光从身边白白地溜走。

鲁迅惜时胜生命

鲁迅，原名周树人。1918年，他在《新青年》杂志发表短篇小说《狂人日记》时，第一次采用"鲁迅"这个笔名。

鲁迅的好友许寿裳，在南昌读到了这篇作品，被深深地打动了。他根据《狂人日记》的内容、笔法和语言风格，感觉很可能出自好友周树人笔下，但一看署名，却是"鲁迅"二字。于是他急忙写信问周树人："你读到《狂人日记》了吗？你可认识鲁迅？"鲁迅回信如实告诉了许寿裳。

许寿裳回到北京后，当面问鲁迅说：

"你用'鲁迅'这个笔名，可有什么讲究？"

鲁迅回答说：

"用这个名字的原因之一，取愚鲁而迅速之意。我认为自己比较笨拙，无论做学问，还是做其他的事情，都赶不上天分好的人。在这种情况下，只有更加勤勉，才能达到和别人同样的效果。"

愚鲁之说，当然是鲁迅的自谦之辞，惜时如金却是他一生的特点。

早在幼年时期，鲁迅师从寿镜吾先生，在三味书屋读诗书经传。当时，他的父亲正患重病，两个弟弟年幼，他不仅要跑当铺，上药店，还要帮母亲做家务。有一天，他上学迟到了，结果寿镜吾先生狠狠地责备了他。为了告诫自己别再

（田继豪 马创业 绘）

迟到，他就用刀在课桌上刻了一个大大的"早"字，以警示鞭策自己珍惜时间，发愤读书。

鲁迅说："时间就像海绵里的水一样，只要你愿意挤，它总是有的。"50岁之后，鲁迅感到人生苦短，来日不多，于是对时间抓得更紧，更加勤奋地写作。生病的时候，他躺在病床上想着病好之后要做什么事情，写什么文章，翻译或印刷什么书籍。一旦体力稍有恢复，他就赶快付诸实施。

鲁迅习惯用各种形式来鞭策自己。在他的卧室兼书房里，挂着一副对联。上联是："望崦嵫（yān zī）而勿迫"；下联是："恐鹈鴂（tí jué）之先鸣"。意思是说："看到太阳落山了心里不要焦急，害怕听到报春的杜鹃又早早地啼叫。"以此告诫自己珍惜时光。

鲁迅不仅爱惜自己的时间，也爱惜别人的时间。他参加会议从不迟到，从不让别人等他，就是下着大雨，他也能准时赶到。他曾经说过："时间就是生命，无缘无故地耗费别人的时间和图财害命没什么两样！"鲁迅最讨厌那些成天东家跑跑，西家坐坐，说长道短的人。在他紧张工作的时候，如果有人来聊闲天，他总是不客气地催促快走；而对来讨论学问者，他却是热情招待，有时甚至促膝长谈。

1936年，鲁迅积劳成疾，患了严重的肺病。主治医生多次给予他严重警告，但他仍利用不多的时间努力工作。临去世的前一天，他还记了日记，践行了曾经说过的"节省时间，等于延长了一个人的生命"。

鲁迅一生在文学创作、思想研究、文学史研究、翻译等多个领域都具有重大贡献，被誉为"二十世纪东亚文化地图上占最大领土的作家"。别人看到鲁迅取得的这些成就，认为他是天才。鲁迅听说后，感慨地说："哪里有天才？我是把别人喝咖啡的工夫都用在工作上的。"

不叫一日闲过

在现代著名书画家齐白石的画室中，挂着一幅条幅：不叫一日闲过。这是他的座右铭，也是他一生珍惜时间的真实写照。

齐白石小时候，家中十分贫穷。9岁那年，他辍学后去山上放牛。放牛的时候，他常把几本书挂在牛角上，一有闲暇，便坐下来静心苦读。15岁时，迫于生计，他学了木匠手艺，16岁改学雕花工。繁重的劳动和贫穷的生活，并没有使他放弃对艺术的追求。他常常白天做工，晚上回到家后在松油灯下苦心学画。

有一次，齐白石到一个主顾家雕花，无意中看到一部《芥子园画谱》，如获至宝，便向主人借来。等晚上收工回来，他就在松油灯下一幅一幅地勾影，足足画了半年，才把三大本画谱全部勾影完毕。在以后的几年中，他不论寒暑，每天坚持画上几幅，把《芥子园画谱》反反复复画了几遍。经过不懈的努力，他终于成了一位有名气的画匠，直至后来成为中外驰名的艺术大师。他最清楚自己的成就来之不易，因此，他常常在作品中题上"白石夜灯"四个字来告诫自己要惜时敬业、勤奋不辍。

齐白石不仅在贫穷时珍惜光阴，勤于作画，在生活富裕时也仍然如此。到了晚年，他给自己规定"作业"，每天必须作画三幅。他凌晨4点起床，晚上9点准时入睡。从早到晚，他不是在默然构思，便是在伏案挥毫。只有几次得了重病或遇到重大事情时，他才停笔一两天，而且事后总要补上。

又有一次，齐白石过生日，家中来了许多学生、朋友。等他送走最后一批客人，已是深夜了。齐白石感到有些疲倦，没完成"作业"就上床休息了。第二天一早，他爬起来，连饭也没吃就来到画堂，摊开画纸，挥笔作画。家里人几次催他吃完饭再画，可是他好像没有听见似的，画了一张又一张。画完第三幅时，他已有点站不稳了，执笔的手也开始颤抖起来。大家赶忙过去扶住他，要他吃完饭休息一会儿再画。吃完饭后，他又急忙来到画室，继续作画。家里人看到后，怕他累坏了，劝他说：

"您不是已经画完三张了吗？怎么还画呢？"

"昨日家中客人多，不曾作画，今日多画几张，以补昨天的'闲过'呀！"说完，他又埋头作起画来。

由于齐白石十分珍惜时间，所以他在艺术创作上取得了辉煌成就。有人问他成功有什么秘诀，他笑答道："每日作画，不叫一日闲过。"

别人的时间更应该珍惜

革命老前辈徐特立，一生惜时如金，对待别人的时间，他也是倍加爱惜。

在工作中，徐老出席会议时，他总是事先打听好会议时间和地点，按时到会，决不让别人等他分秒。他常说：

"自己的时间不能白白浪费，别人的时间更应该珍惜。假如在开会的时候，我迟到1分钟，有60个人参加会议，浪费的时间加在一起，就是1小时；有600人参加会议，就浪费10个小时。人数越多浪费的时间就越多，这是个不可容忍的错误。"

对待开会，徐老是这样珍惜别人的时间，在日常生活中，他也同样如此。新中国成立初期，徐老到北京的一家医院看病。当时看病的人很多，候诊室的长木椅上坐满了等候叫号就诊的病人。徐老的警卫员一看，心里非常着急。他知道徐老一生格外珍惜时间，这样坐在这儿候诊，得空耗多少时间啊。于是，他轻声地对徐老说："徐老，人太多了，您在这儿耽误不起，我用不用找医院领导打个招呼，给您先看？"

徐老一听，连连摆手道："不行，别人不也在等吗？"

警卫员看了看墙上的时钟说："时间宝贵啊，这不知要等到什么时候呢。"

徐老见警卫员有些着急，连忙拍拍他的肩膀，轻轻地说：

"自己的时间宝贵，别人的时间同样宝贵。"

警卫员听了，心中的急躁顿时没有了。

对待他人的工作时间，徐老倍加珍惜；对待他人的休息时间，他也是同样珍惜。

1940年，徐老担任了自然科学院院长。建院伊始，百事俱兴，徐老经常忙得不能按时吃饭。一个夏天的傍晚，徐老满头大汗地走进自然科学院大门，只见炊事员老张正蹲在树下和别人聊天。徐老这才意识到饭点已过，老张已经下班休息了。于是，他悄悄地走到厨房，自己动手热起饭来。等老张发现徐老正在热饭时，立即要为他做饭。徐老忙说：

"不！现在是你的休息时间，还是我自己来吧！"

老张深情地说："徐老，您晚回来也是为了工作。您这么大年纪，对您照顾一点，也是应该的！"

徐老望着老张，亲切地说："咱们有规定，要按时用

（田继豪 马创业 绘）

餐。如果对院长照顾了，别人怎么办？如果都照顾，这样的大热天，又怎么保证你的休息时间？"

徐老的一番话让老张心里热乎乎的。

在多年的革命生涯中，徐老就是这样珍惜他人的时间，为我们树立了光辉楷模。

雷锋的"钉子"精神

伟大的共产主义战士雷锋，一生只活了22岁。在这短暂的人生中，他却生活得十分充实。

雷锋非常明白，人的生命是有限的；他更明白，如何在这有限的生命中，不让时光白白流逝。他曾在日记中写道："一块好好的木板，上面一个眼也没有，但钉子为什么能钉进去呢？这是靠压力硬挤进去的。由此看来，钉子有两个长处，一个是挤，一个是钻。我们在学习上，也要提倡这种'钉子'精神，善于挤和善于钻。"这里所说的"挤"，自然是在本来没有空闲的时间里，千方百计挤出分分秒秒；这里所说的"钻"，也就是用挤出的分分秒秒，刻苦学习科学文化知识，学习马列主义、毛泽东思想。他就是凭着这种"挤"和"钻"的精神，高效地利用生活的每一分每一秒。

雷锋是个汽车兵，经常开车外出执勤。全神贯注地驾驶，常使汽车司机十分疲劳。但是在雷锋的时间表里，却没有"休息"二字。只要汽车一停下，哪怕只有几分钟，他也会从挎包里掏出书来，认真读上几页，然后仔细回味、消化。这样，时间长了，集腋成裘，本来零零碎碎的时间，得到了充分的利用。

一次，抚顺市建设街小学的一位姓贾的同学，到工人俱乐部看电影。电影开演之前，他发现前排的座位上，有一位解放军战士正在聚精会神地读一本厚厚的书。他好奇地凑上去，仔细一看，原来是校外辅导员雷锋叔叔。他大惑不解地对雷锋说：

"这么短的时间，你还看书啊。"

雷锋转过身来对小贾说：

"对，我已看完三四页了，时间虽短，但看一页是一页，积少成多！"

每天的公务活动之余，便是雷锋读书的大好时光。他常常在战友们聊天休息的时候，挤出一些时间来读书。有时为了不影响同志们的休息，他便找其他地方去读书。因此，营房中的车场、工具棚、厨房、司务长宿舍和值班室等多处地方，都留下了他惜时读书的身影。

凭着这种"挤"和"钻"的钉子精神，加上合理利用分散的时间，雷锋阅读了大量的马列著作、政治读物和科学文化读物，也写下了几十万字的读书笔记和日记。

好学

匡衡凿壁偷光

匡衡是我国西汉时期著名的学者。他学问渊博，忠直敢言，在汉元帝时期做过丞相，被封为乐安侯。

匡衡出身于一个贫苦家庭，祖祖辈辈以务农为生。他自幼酷爱读书，可是白天种地没有时间看书，晚上想看书却又没有钱买油点灯。他躺在床上，翻来覆去睡不着。看到隔壁邻居家灯火通明，他羡慕不已。忽然，一个念头在他脑子里闪过：借邻居家的灯光。

匡衡找来一把凿子和一把锤子，轻轻地在墙上凿了起

（俞杰星　绘）

来。一下，两下……不一会儿，墙壁上就出现了一个小洞，邻居家的灯光透了过来。

匡衡兴奋不已。他搬了个板凳坐在小洞旁，如饥似渴地读起书来。直到邻居家的灯熄了，他才不得不上床睡觉。

有一天，邻居发现了墙壁上的洞，于是气呼呼地来找匡衡，质问他为什么把好好的墙凿个洞。匡衡只好把事情的经过如实地告诉了邻居，并为自己事先没有征得同意一再向邻居道歉。

邻居听了匡衡的解释，怒气顿时消失了。他摸了摸匡衡的头，心平气和地说：

"原来如此，那你好好用功读书吧！"

灯的问题解决了，书又成了个大问题。当时只有富人家才有藏书，而富人是不肯轻易地把书借给穷人的。匡衡打听到一个叫文不识的大地主家里书盈四壁，就准备去他家里打工，并表示不要工钱。文不识疑惑不解，问他为什么不要工钱。匡衡回答说：

"我给你干活，是为了借你的书，你只要把书借给我看就行了。"

听了匡衡的话，文不识被他这种勤奋好学的精神深深打动了，于是把家里的全部藏书都借给匡衡阅读。

"宝剑锋从磨砺出，梅花香自苦寒来。"后来，匡衡成了一个很有学问的人。

纪昌学射

纪昌是一名百发百中的神射手。他高超的本领得益于名师的指点和自己的勤学苦练。

飞卫是纪昌的老师，他的箭法几乎到了炉火纯青的地步。起初，飞卫并没有马上教纪昌拉弓射箭，而是对他说："学习射箭，要先学会看东西不眨眼。假如锥子朝你的眼睛刺来，也不能眨一下。你先照我说的去练吧，练到这一步，再来找我。"

纪昌回到家里，按照老师说的认真练起来。妻子织布时，他看到梭子来来去去，觉得这是练习眼力的好机会。他

（俞杰星 绘）

躺到织布机底下，睁大眼睛，注视着穿来穿去的梭子。起先，梭子一动，他的眼睛就眨一下，后来，慢慢地就不眨眼了。这样一直练了两年，妻子用锥子尖在他的眼珠前面晃动，他的眼睛竟也一眨都不眨。

纪昌觉得练得差不多了，就去见老师飞卫，让飞卫教他射箭。可是飞卫摇摇头，对他说："这还不够，你还要回去继续练习眼力，等练到能把极小的东西看成很大的东西的时候，再来见我。"

纪昌牢记老师的话，继续认真练习眼力。他捉了一个虱子，用一根头发拴住，吊在窗户上，目不转睛地观察起来。一天天过去了，虱子在他眼里越来越大。就这样练了三年，小小的虱子在他眼里竟变得像车轮一般大了。

纪昌十分高兴，跑去找飞卫。飞卫非常欣慰地说："你已经成功了！"

于是，飞卫便把拉弓射箭的方法要领告诉了纪昌。纪昌遵照老师的指导刻苦练习，最终成了一名出色的射手。

董遇创"三余读书法"

董遇，东汉末年的著名学者。他为人朴实敦厚，从小喜欢研究经典著作。小时候，他的家乡关中一带兵荒马乱，无法生活，他被迫与哥哥一起远走他乡。

来到一个地方后，兄弟两人靠打柴度日。每天天还不亮，董遇就跟哥哥上山了。他们把打来的柴背到街上卖几个钱，买点粮食，勉强维持生活。

在这种艰苦的条件下，董遇始终没有丢下书本。不论是上山砍柴，还是上街卖柴，他的口袋里总是装着书，一有闲暇，他就把书拿出来阅读。别人都不理解他，连他的哥哥也常常讥笑他说：

"连饭都吃不饱，还读什么书？"

对于这些议论，董遇毫不在乎，还和之前一样如饥似渴地挤时间苦读。

功夫不负有心人。由于董遇善于利用时间刻苦自学，渐渐地成了一位知识渊博的学者。他为《老子》这本深奥的著作做了训注，还把对《左传》的研究成果写成《朱墨别异》一书。这些著作在当时引起了读书人的注意，许多人慕名前来请教，问他读书做学问有什么妙法。每逢这时，他总是淡淡地一笑，说：

"书要熟读。读书百遍，其义自见。"

"哪有那么多时间呢？"来请教的人问道。

"利用三余读书法呀！"

"何谓三余读书法？"来人迫不及待地追问。

于是，董遇耐心地给来人解释道：

"冬天，是一年的空余时间；夜晚，是一天的空余时间；阴雨天是临时的空余时间。这就是'三余'。如果把这些时间都利用起来，能读多少书啊。"

听了这番话，来请教的人个个竖起了大拇指，他们终于明白了董遇成为大学问家的秘密。

车胤囊萤夜读

车胤（yìn）是晋代人，他的祖父曾担任三国时期的吴国太守，后因得罪吴王而被处死。祖父死后，车家便破落了。因此，车胤从小就过着贫穷的生活。

父亲经常对他说：

"孩子，你要好好读书，长大后做一个对社会有用的人。"

车胤牢记父亲的教导，发愤读书，如饥似渴地学习各方面的知识。凡是能找到、借到的书，他都想方设法找来读。

车胤家境贫寒，连买灯油的钱都没有。没有灯，晚上就无法学习。车胤为此非常苦恼，但又束手无策。

（俞杰星　绘）

　　夏天的一个夜晚，车胤无法看书，只好默默地背诵白天读过的内容。忽然，院子里出现了一闪一闪的微光。他把发光的东西抓过来一看，原来是只萤火虫。这时，他灵机一动，心想：

　　"一只萤火虫的光不亮，要是把许多萤火虫都聚集起来，这样不就可以做成一盏灯了吗？"

　　于是，车胤就开始逮萤火虫。一只、两只……不一会儿就捉了几十只。他找来一块薄薄的白布，缝成了一个小布袋，把逮来的萤火虫装进了布袋。

　　"嗬，还真行！"

　　车胤欢呼雀跃地说。他把布袋挂在案头，专心致志地读起书来。

　　从此以后，车胤埋头苦读。日复一日，年复一年，车胤博览群书，孜孜不倦，终于成为一位远近闻名的学者。

王羲之临池学书

　　王羲之是我国古代著名的书法家。他的书法以笔势潇洒飘逸、遒（qiú）美健秀著称于世，被后人形容为"飘若浮云，矫若惊龙"。一千多年来，王羲之的作品一直是人们临摹学习的范本。

　　王羲之很小的时候就学习写字，十分刻苦认真。夏天，骄阳似火，人们都在树荫下纳凉，他却在书房里挥汗如雨地练字；冬天，寒风刺骨，别的孩子都围着火炉取暖，他仍在书房里不停地写。为了写好字，他经常费心揣摩，就连走路、吃饭时也不停地用手比比画画。由于他练字时精力非常集中，因而经常闹出一些笑话来。

有一次，书童来给王羲之送饭，看到他正埋头练字。书童催促再三，可是他仍然笔走龙蛇，沉浸在书法的艺术世界里，对书童的催促似乎没有觉察到。书童无奈，只好把手中的馍馍和蒜泥放在桌子上，随后去请王夫人。

王夫人来到书房一看，差点没笑破肚皮。原来王羲之只顾练字，错把墨汁当成了蒜泥，正用馍馍蘸着墨汁吃呢，吃得满嘴都是墨汁。看见夫人进来，直夸夫人今天做的蒜泥真香。

王羲之有个习惯，每天练完字以后，都到家门口的池塘里洗洗笔，这样笔就不会干硬，下次再写字时就好用了。据说，由于王羲之经常在池塘里洗笔，池塘里的水都被染得像墨汁一样黑。

就这样，王羲之苦练不辍，终成一代书法大家，在书法史上占有十分重要的地位。

李绅苦学成才

锄禾日当午，汗滴禾下土。

谁知盘中餐，粒粒皆辛苦。

这首《悯农》诗，在我国家喻户晓、妇孺皆知。这首诗的作者李绅是个苦学成才的诗人。

李绅家境贫寒，6岁时父亲就去世了。他的母亲卢氏生在一个读书人家,知书达理。卢氏不仅独自担起了家庭的重担,而且决意要把李绅培养成才。一有空闲时间,母亲就教他认字读书。母亲每教一课书,他都及时复习,连读上百遍。由于他天资聪颖,刻苦用功,因此进步很快。

为了写好诗,李绅废寝忘食地阅读前人的优秀作品,一遍又一遍地朗读,直到会背为止。

15岁那年,为了能更好地读书,李绅寄住在无锡惠山寺。在惠山寺,他每天都拿着书到山林中去读,沉浸在优美的境界里,如痴如醉,常常忘记了时间。没有钱买纸,他就拿树枝在地上写诗。有时,他偷偷地将自己构思的诗抄在寺庙里的佛经背面。一次,他正在聚精会神地抄写新创作的诗,没留意被一个和尚发现了。和尚痛打了他一顿,并把他逐出了庙门。在这种艰苦的环境里,他坚持刻苦学习。

30岁那年,李绅参加科举考试,中了进士。做官之余,他仍然挤时间读书作诗。他写的诗总是反复修改,然后才给人看。他经常与诗友白居易、元稹(zhěn)等人互相切磋交流,还特意深入民间,了解底层人民的疾苦和艰辛。因此,他的诗很受老百姓的喜爱。

李绅一生勤奋创作,写了很多诗。《全唐诗》就收录有他的《追昔游诗》三卷;此外,《西厢记诸宫调》中还收录了他的《莺莺歌》。

司马光的警枕

司马光是我国北宋时期杰出的历史学家。他用了整整 19 年的时间，主持编撰了中国第一部编年体通史——《资治通鉴》。这部书是继《史记》之后我国又一部伟大的史学名著。全书记载了从公元前 403 年到公元 959 年共 1 362 年的历史，共 294 卷，约 300 多万字。

司马光不仅天资聪明，而且勤奋好学。他五六岁时就能将《论语》《孟子》熟练地背诵出来，之后也曾因机智勇敢地击破水缸救出不慎落入缸中的小伙伴而深受人们的赞扬。他特别喜欢阅读历史书籍，老师教的历史故事，他都能一字不差地讲出来。每当老师讲完书，哥哥、弟弟都跑出去玩

（俞杰星 绘）

了，他还一遍一遍地朗读、背诵，直到滚瓜烂熟才肯罢休。他谈到自己的体会时说：

"重要的书都要会背诵。一边背诵字句，一边揣摩它的意思，这样就能得益多，进步快。"

由于司马光读书用功，20岁那年便考中了进士。做官以后，他学习更加刻苦。每天在处理完繁忙的公务之后，他都埋头于史书的学习研究之中。在研究过程中，他发现自古以来的历史典籍虽然卷帙浩繁，但是没有一部较为系统的、完整的通史。在宋英宗和宋神宗的支持下，他开始主持编写《资治通鉴》。在编写过程中，他常常呕心沥血，夜以继日地工作。

为了充分利用时间，司马光特地设计了一套特别的卧具：一张木板床和一个小小的圆木枕头。枕头为什么用圆木做呢？原来圆木枕头放在硬邦邦的木板床上很容易滚动，睡觉时只要一翻身，圆木枕头就会滚走，头一下落在床板上便会碰醒。这时，司马光就立刻翻身下床，继续写作。他把这个圆木枕头称作"警枕"。

为了编好《资治通鉴》，司马光总是亲自考辨史料的真伪，往往一个史实要参考四五种不同的资料。据说书成以后，在洛阳存放的残稿就整整堆满了两间房子。

《资治通鉴》这部历史巨著，经历代翻印，广为流传，成为祖国史学宝库中的一份宝贵遗产。

沈括上山探桃花

北宋时期，我国有一位伟大的政治家、科学家，名叫沈括。沈括一生，做过高官、大使，也任过地方行政、军事长官。他不仅会修水利、管财政，还会打仗、写诗、考古……他留给后世最伟大的成就，还是在晚年著述的《梦溪笔谈》。

《梦溪笔谈》总计30卷，内容十分丰富，涉及天文、律历、数学、物理、化学、生物、医药等诸多领域。书中的自然科学部分，总结了中国古代，特别是北宋时期的科学成就，在国际上产生了广泛且深远的影响。

沈括才智超群。有人说他是天才，其实并不是！他之所以能取得超越常人的成就，主要还是因为他勤奋学习、善于思考。

沈括小时候曾跟着父亲走南闯北，饱览了各地风光，熟悉了各地风土人情，养成了勤学好问的好习惯。见到新鲜事物，他一定要探个明白；遇到有疑问的知识，他一定要弄个清楚。

有一次，沈括在书中读到"高奴县有洧（wěi）水，可燃"这句话时，觉得很奇怪。水怎么可能燃烧呢？他决定进行实地考察，非要弄明白这种能燃烧的水到底是什么东西。在考察中，他发现这种可燃的水是一种褐色液体，当地人叫它石漆或石脂，还用它烧火做饭、点灯取暖。不仅如此，他还弄清楚了这种液体的性质和用途，并给它取了一个新名字——石油。

沈括在《梦溪笔谈》中写道："鄜（fū）、延境内有石油……颇似淳漆，燃之如麻，但烟甚浓，所沾幄幕皆黑……此物后必大行于世。"沈括发现了石油，并且预言"此物后必大行于世"。他发明的"石油"这个名词一直沿用到今天。

还有一次，沈括读到唐朝诗人白居易的《大林寺桃花》一诗时，对其中的"人间四月芳菲尽，山寺桃花始盛开"大惑不解，心想："为什么山下百花都开败了，山上的桃花才开始盛开呢？"带着这个疑问，沈括决定在四月份上山考察，要弄清楚山上的桃花是不是晚开？为什么晚开？待到四月季节，沈括果断地约了几个小伙伴上山进行实地考察。四月的山上乍暖还寒，凉风袭来时，冻得人瑟瑟发抖。沈括茅塞顿开，原来山上的温度比山下要低很多，因此花季才来得比山下晚呀！

凭借着这种勤学善思、积极求索的精神，沈括在众多学科领域都有很深的造诣和卓越的成就，被誉为"中国整部科学史中最卓越的人物"。其代表作《梦溪笔谈》在世界文化史上有着重要的地位，被称为"中国科学史上的里程碑"。

黄宗羲鸡鸣就枕

黄宗羲是我国明末清初杰出的思想家，生于浙江余姚。父亲黄尊素为官清正，后因得罪宦官魏忠贤而遭陷害，被削职问罪。分别时，父亲叮嘱黄宗羲要好好读书，将来为国家、为百姓干一番事业。父亲被捕后不久，就被奸臣杀害了。

黄宗羲牢记父亲的嘱咐，在家刻苦读书。不管是炎热的盛夏，还是凛冽的隆冬，他都坚持黎明即起，一直读书到次日凌晨鸡叫时才上床休息。就这样，不到两年时间，他就把父亲留下的丰富的藏书读完了。

黄宗羲长大以后，只身进京告状，告倒了魏忠贤的余党（此时魏忠贤已死），为父亲报了仇，为国除了奸。

黄宗羲回到家乡后，拜当时著名的学者刘宗周为师，继续自己的学业。在老师的指导下，黄宗羲广泛涉猎各种知识。除了阅读和钻研经史子集、诸子百家之外，他在天文、地理、数学、律历等方面都有很深的造诣。

清军入关时，黄宗羲34岁，他四处奔走，联络了很多爱国志士进行抗清斗争，坚持10年之久，最终还是失败了。后来康熙皇帝屡次派人请他出来做官，都被他回绝了。抗清无望，他便埋头读书，立志著书，以保存明代的文化遗产。为了著书，他四处搜集资料，做了几百万字的笔记，阅读了1万多卷书。

功夫不负有心人。经过几十年夜以继日的努力，黄宗羲撰写了《明夷待访录》《明儒学案》等学术著作，这些著作在学术史上占有极其重要的地位。

黄宗羲在漫长的学术生涯里取得了极高的成就，临去世前两三天，他还手不释卷，读了好几本书，并做了详细的批注。他曾经写过一首《不寐》诗，诗中真实生动地描绘了他一生刻苦治学的情景。诗中写道：

年少鸡鸣方就枕，老人枕上待鸡鸣。

转头三十余年梦，不道消磨只数声。